채근담

돋을새김 푸른책장 시리즈 020

채근담 [개정2판]

초판 발행 2012년 2월 14일
개정 2판 1쇄 2024년 7월 30일

지은이 | 홍응명
엮 해 | 한용운
발행인 | 권오현

펴낸곳 | 돋을새김
주소 | 경기도 고양시 일산동구 하늘마을로 57-9 K씨티빌딩 301호
전화 | 031-977-1854 팩스 | 031-976-1856
홈페이지 | http://blog.naver.com/doduls 전자우편 | doduls@naver.com
등록 | 1997.12.15. 제300-1997-140호
인쇄 | 금강인쇄(주)(031-943-0082)

ISBN 978-89-6167-351-8 (03150)
Copyright ⓒ 2024, 돋을새김

값 14,000원

돋을새김
푸른책장
시 리 즈
0 2 0

채근담

홍응명 지음 | **한용운** 엮해

돋을새김

"나물 뿌리처럼 변변치 않고 거친 음식도
달게 여기며 사는 사람이라면
세상의 어떤 일이라도 이루지 못할 것이 없다"

차례

일러두기

1. 국내에 소개된 채근담에는 두 종류가 있으며 역자도 여러 명이다. 그중에서 본서는 홍응명본을 만해 한용운 선생님이 해석한 것이다. 승려, 시인, 독립운동가였던 한용운 선생님께서 일제치하라는 어려운 시기를 겪은 민중들에게 깨달음을 주고자 소개한 책으로 생각된다. 역사적 상황은 다르지만 현재의 우리들에게도 《채근담》의 주옥같은 명구들이 한용운 선생님의 철학, 우주적 인식론, 세계관이 묻어나는 언어로 되살아나 깨달음을 줄 것이라 생각된다.

2. 채근담은 경구警句풍의 단문으로 이루어져 있다. 단문이지만 비유와 은유, 상반된 어귀로 절묘한 대對를 이루고 있다. 또한 곳곳에 운韻을 맞추어서 쉽게 읽을 수 있으며, 시가詩歌처럼 노래할 수 있는 아주 뛰어난 문장들이다. 영어나 팝송 대신 요즘 청소년들이 좋아하는 랩송처럼 외우고 노래할 수 있다면 더욱 흥미로운 독서가 될 것이다.

〈1〉 수성(修省)

수성이란 몸과 마음에 대한 수양修養과 성찰省察을 말한다. 사람이 세상을 살아가면서 가장 고상하고 안락한 생활을 이루어, 극히 순조롭고 영원한 행복을 누리고자 함은 누구나 갖고 있는 욕망이다. 그러나 우리는 우주에 있는 천만 가지 만물의 복잡함 가운데에 섞여 있음으로 인해, 타자와 실로 셀 수 없는 관계에 놓이게 된다. 따라서 서로 견제하면서 그 욕망의 목적에 도달하기란 극히 어려운 일이다.

이렇듯 어려운 인생을 향해 나아갈 때, 우선 주동적인 역할을 하는 자신의 몸과 마음을 끊임없이 수양하고 반성하는 것이 타자와의 관계를 조절할 수 있는 올바른 방법이다. 외물外物이 나에게 보응報應한다는 것은, 바로 내가 외물에 했던 작용이 반사反射되는 것이다. 그러므로 자신의 몸과 마음을 수양하고 반성함은 진실로 모든 일의 근본이다.

1 아름다운 인품은 고난과 역경 속에서 만들어진다

정금미옥精金美玉 같은 인품이 만들어지려면
반드시 열화烈火 속을 거치고 거쳐야 단련된다.
천지를 흔들 만한 공功을 이루고자 한다면
마땅히 얇은 얼음 위를 밟고 지나가듯 해야 한다.

欲做精金美玉的人品 定從烈火中煅來
욕 주 정 금 미 옥 적 인 품　정 종 열 화 중 단 래
思立掀天揭地的事功 須向薄氷上履過
사 립 흔 천 게 지 적 사 공　수 향 박 빙 상 리 과

　정밀한 금이나 아름다운 옥은 뜨거운 불 속에서 높은 열의 단련을 거치고, 또 거기에 갈고닦는 공이 더해진 뒤에야 비로소 한 점의 티 없는 가장 아름다운 보석이 된다. 인품을 완성시키는 것도 마찬가지다. 금이나 옥처럼 강하면서도 밝게 빛나는 아름다운 품격을 갖추도록 하려면, 반드시 뜨거운 불과 같은 곤란하고 위험한 역경 속에서 정신을 단련하고 지기志氣를 수양함으로써 두려움, 나약함, 경박함과 같은 세속적인 행동에서 벗어날 수 있는 것이다.

　그러므로 천추에 이름난 충렬과 만고의 절의 있는 사람은 시퍼런 칼날을 헤치고 뜨거운 피를 토해내는 고난과 위험을 겪고 나타나는 것이며, 세상에 드문 영웅과 호걸들은 아홉 번 죽어도 열 번째 살아나며, 만 번의 실패에서 오직 한 번 성공하는 어려움을 겪은 뒤에야 비로소 뜻을

이룬다.

반대로 곤란한 역경은 피하려 하고 순탄한 길만을 즐기려는 사람은 겁쟁이 아니면 비루한 사람이 될 뿐이니 어떻게 정금미옥 같은 인물이 되기를 바라겠는가?

또 천지를 뒤흔들 만한 공을 세우려면 모든 일을 행할 때 반드시 살얼음 위를 걷듯 지극히 조심해야 한다. 만일 일을 실행할 때 조심성 없고, 소홀하고, 가볍고, 조급하면 분명히 실패만 거듭할 뿐 성공은 하지 못할 것이다.

2 잘못된 생각 하나가 백 가지 행동을 그르친다

한 가지 생각이 잘못되면 무릇 백 가지 행동이 잘못된다.
이를 막으려면 바다를 건너는 부낭浮囊에
바늘구멍 하나 내지 않는 것처럼 해야 한다.
만 가지 선행을 완전하게 이행했을 때 비로소 한평생 부끄러움이 없다.
그러므로 일신의 수양을 구름 위로 치솟은 보수(七重寶樹)를
뭇나무들로 지탱하듯 해야 하는 것이다.

一念錯 便覺百行皆非 防之當如渡海浮囊 勿容一針之罅漏
일 념 착 편 각 백 행 개 비 방 지 당 여 도 해 부 낭 물 용 일 침 지 하 루

萬善全 始得一生無愧
만 선 전 시 득 일 생 무 괴

修之當如凌雲寶樹 須假衆木以撑持
수 지 당 여 능 운 보 수   수 가 중 목 이 탱 지

한자풀이 罅 틈, 빈틈, 갈라지다 │ 撑 버팀목, 버티다

사람의 행위는 자기가 생각하는 바를 실행하는 것이다. 그렇기 때문에 한 가지 생각이 잘못되면 백 가지 행위가 모두 잘못되게 마련이다. 이 잘못된 생각을 막기 위해서는 어떻게 해야 하는 것일까? 그것은 바다를 건너는 부낭에 바늘구멍만 한 틈이 용납되지 않는 것처럼 해야 한다. 바다를 건너는 부낭에 바늘구멍이 생기면 물이 새어들어 가라앉기 마련이다.

사람의 생각도 이와 같다. 한 가지 생각을 잘못하면 모든 악이 발생하여 잘못된 생각으로 빠져든다. 그러니 생각하는 것을 엄격하게 방비해서 털끝만큼의 거짓도 스며들지 못하게 해야 한다.

또 사람이 만사를 행하는 데에 한 가지라도 선하지 못한 행동이 있으면, 이것이 일생의 결점이 되어 스스로 부끄러워지게 되는 것이다. 따라서 만 가지 선행이 완전해서 한 가지라도 불미스러움이 없어야 조금도 부끄러움이 없는 일생이 된다.

그러므로 선을 행하려는 마음을 수양할 때, 마땅히 칠중보수(극락정토에 일곱 줄로 늘어서 있는 보물)를 뭇나무들로 부축하듯 해야 한다. 나무가 높고 곧아서 구름 위로 치솟은 칠중보수를 뭇나무로 버티어주어 넘어지거나 부러지는 것을 방비하면, 어떤 폭풍우 속에서도 꺾일 염려가 없

다. 착한 일을 하도록 끊임없이 마음을 닦고 한 점의 티끌도 없이 행하면 평생토록 부끄러울 일이 없을 것이다.

한가로울 때 미리 대비하라

바쁘게 일을 해야 할 때는
항상 한가로울 때 미리 점검해두면
지나친 행동이 자연히 줄어든다.
움직일 때의 생각을
조용한 가운데에 미리 세밀하게 생각해두면
잘못되는 마음이 저절로 없어진다.

忙處事爲 常向閒中先檢點 過擧自稀
망 처 사 위 상 향 한 중 선 검 점 과 거 자 희
動時念想 預從靜裡密操持 非心自息
동 시 념 상 예 종 정 리 밀 조 지 비 심 자 식

번거롭고 바쁘게 실행해야 하는 일을, 한가할 때 미리 살피고 생각해서 계획을 세워둔다면 실수가 저절로 줄어든다. 또 움직일 때에 생기는 마음을, 조용할 때 미리 신념을 굽히지 않고 뜻하는 방향을 확실히 세워두면 잘못되는 마음이 저절로 없어진다.

이와 반대로 일하는 것을 한가할 때에 먼저 점검하지 않고 느닷없이 복잡한 일을 당하면 황망하게 넘어지고 엎어지는 실수가 생기며, 또 고요할 때 생각을 미리 정리하지 않은 상황에서 졸지에 움직일 때를 당하면 정신이 산란해져서 도道의 마음을 그르치게 된다.

4 선한 일을 하며 자신을 드러내려 하지 말라

착한 일을 하고 스스로 잘난 체하며 상대를 낮게 보거나,
은혜를 베풀면서 명예를 얻으려 하고 좋은 인연만을 맺고자 하거나,
공을 쌓으면서 세상을 놀라게 하고 풍속을 해치거나,
절의節義를 뿌리내리면서 이상한 행동으로 기이함을 보이려 하면,
이것은 모두 선한 생각 뒤에 숨어있는 창과 칼이며,
도리를 지키려는 길 위에 있는 가시덤불이나 마찬가지다.
이것은 가지고 있기는 매우 쉬우나
떼어버리기는 어려운 것들이다.
찌꺼기들은 씻어 없애고 싹은 잘라내야
비로소 본래의 참모습을 볼 수 있다.

爲善 而欲自高勝人 施恩 而欲要名結好
위 선 이 욕 자 고 승 인　시 은　이 욕 요 명 결 호

修業 而欲驚世駭俗 植節 而欲標異可奇
수 업　이 욕 경 세 해 속　식 절　이 욕 표 이 가 기

14

此皆是善念中戈矛 理路上荊棘 最易夾帶 最難拔除者也
차 개 시 선 념 중 과 모 　 이 로 상 형 극 　 최 이 협 대 　 최 난 발 제 자 야

須是滌盡渣滓 斬絕萌芽 纔見本來眞體
수 시 척 진 사 재 　 참 절 맹 아 　 재 견 본 래 진 체

착한 일을 하는 것은 좋은 일이다. 하지만 그 일을 빙자해서 잘난 체
하며 상대를 업신여긴다면 이것은 스스로 존경받으려는 욕심일 뿐이다.
선을 행하고 은혜를 베푸는 것도 좋은 일이다. 하지만 그 은혜를 이용해
서 자신의 명예를 요구하고 이것으로 좋은 관계를 맺고자 하면 이것은
은혜를 팔아서 명예와 호의를 사고파는 모리배 장사치와 다름없다.

공을 세우는 것은 좋은 일이다. 하지만 세상을 살아가는 데에 당연한
도리를 행하지 않고 혹시 세상 사람들을 놀라게 하는 기이한 일을 하려
고 한다면, 이것은 인간으로서 당연한 의무를 행하는 것이 아니라 남에
게 특별한 칭찬을 받고자 하는 명예심일 뿐이다.

절의節義를 본받게 하는 것도 좋은 일이다. 하지만 특이한 일을 표방
하며 기괴한 과시욕을 일삼으면 이것 역시 명성名聲을 얻으려는 사사로
운 욕심이다.

그러므로 착한 일을 하는 것, 은혜를 베푸는 것, 업을 쌓는 것, 절의
를 내세우는 것 등은 모두 선한 생각이요 정당한 이치를 행하는 길이지
만, 남보다 잘난 체하려 한다거나, 명예를 얻기 위한 관계만을 맺으려

하거나, 세상을 놀라게 하고 풍속을 해치려 하거나, 이상한 것을 드러내고 기이함을 보이려 하는 일 등은 모두 선을 해치는 창칼이며 가시덤불과 같이 올바른 길을 방해하려는 것들이다.

이것은 가장 범하기 쉽고 가장 없애버리기 어려운 것이니, 마땅히 그 찌꺼기를 씻어 없애고 그 싹을 끊어버려야만 본래의 참모습을 보게 될 것이다.

어리석은 마음

부귀를 하찮게 생각할 수 있지만
부귀를 하찮게 생각하는 그 마음은 하찮게 여기지 못한다.
명분과 의리는 소중하게 생각할 수 있지만
명분과 의리를 소중하게 생각하는 그 마음을 대단하게 여긴다면
이는 속세의 먼지를 씻어내지 못한 것이며
마음속의 사사로운 어리석음을 없애지 못한 것이다.
그것을 완전히 뽑아 깨끗이 하지 못하면
돌은 치웠지만 풀이 다시 살아날 것을 두려워하게 되는 이치이다.

能輕富貴 不能輕一輕富貴之心
능 경 부 귀 불 능 경 일 경 부 귀 지 심

能重名義 又復重一重名義之念
능 중 명 의 우 부 중 일 중 명 의 지 념

16

是事境之塵氛未掃 而心境之芥蔕未忘
시 사 경 지 진 분 미 소   이 심 경 지 개 대 미 망

此處拔除不淨 恐石去而草復生矣
차 처 발 제 부 정   공 석 거 이 초 부 생 의

氛 기운, 조짐 | 芥 겨자 혹은 티끌, 하찮은 것 | 蔕 가시

　사람이 능히 한세상의 부귀는 뜬구름처럼 경솔히 여기면서, 그 부귀를 경솔히 여기는 마음을 스스로 대단하게 여기고 경솔히 여기지 못한다. 또 능히 명분과 의리는 소중히 여기면서, 그 명분과 의리를 소중히 여기는 마음을 대단하게 간직한다. 이것은 세상사의 먼지를 털어내지 못한 것이고 마음의 찌꺼기를 없애지 못한 것이다.

　부귀영화를 가볍게 여기는 것은 속세의 명예와 이익을 탐하지 않는 맑고 높은 정신이다. 또 명분과 의리를 소중히 여기는 것은 속세의 욕망을 떠난 굳세고 밝고 청렴한 의지이다. 하지만 그 부귀를 하찮게 여기는 마음과 명분, 의리를 대단하게 생각하면서 어떤 일을 실행하게 되면 마음속의 의지는 희미해지고 산란하여 은인자중隱忍自重(마음속에 감추어 참고 견디면서 몸가짐을 신중하게 행동함)하지 않고, 추솔하고(거칠고 차분하지 못함) 경박한 객기로 자신의 명성과 위세를 헛되게 펼치게 될 뿐이다. 그러니 이런 때에는 반성하여 자신에게 추솔하고 경박한 마음이 있는지를 살펴야 한다.

　일이 잘 이루어져 만사가 뜻대로 되었을 때에는 의기양양하여 교만

방자하기 쉬운 법이니, 이런 때에는 겸손하게 한발 물러서서 자신에게 교만한 태도가 있지 않은지 살펴야 한다.

그러나 자기의 생각과 하는 일이 모두 실패하여 만사가 생각대로 되지 않았을 때는 침울해지고 고민하여 하늘을 원망하거나 남을 탓하기 쉽다. 이런 때에는 자신을 반성하여 원망하는 마음이 있는지를 살피고 수시로 자신을 점검해야 한다. 만일 안일하고 추솔 경박하며, 교만하고 남을 원망하는 마음을 갖고 있다면 즉시 뉘우치고 깨달아야 한다. 그렇게 하여 차츰 잘못을 줄이고 더 나아가 다시는 잘못을 하지 않는 인간이 된다면, 이것이 바로 진정한 배움의 길이라고 할 수 있다.

6 백 번 꺾여도 굽히지 않을 진심

선비란 백 번 꺾여도 굽히지 않을
진심을 가지고 있어야만
비로소 만 번 변해도
끝이 없는 오묘한 쓰임새가 있다.

士人有百折不回之眞心
사 인 유 백 절 불 회 지 진 심

纔有萬變不窮之妙用
재 유 만 변 불 궁 지 묘 용

백절불굴의 진심이란, 나를 둘러싸고 있는 외적 요인들이 백 번씩이나 자신을 좌절시켜도 강력한 반동력으로 난관을 찾아내고, 초지일관初志一貫 굽히지 않고 더욱 맞서나가는 참다운 의지를 말하는 것이다. 만변불궁萬變不窮의 묘용妙用이란, 일정한 목적을 달성하기 위해 만 가지 변화 앞에서도 다하지 않는 묘용을 말한다.

선비란 세상일에서 공을 이루려면 반드시 백절불굴의 진심을 가져야 하며, 백 가지의 고난과 장애를 당해도 조금도 굴복하지 않을 진심이 있으면 충분히 영원하고 위대한 경륜經綸을 가지게 된다.

그러나 그 영원하고 위대한 목적을 달성하는 데에는 앞길이 아득하고 시간이 오래 걸려서 그 사이에 상상할 수 없는 변화를 겪어야 하는 것이다. 그러므로 백절불굴의 진심이 있어야만 만변불궁의 묘용이 있는 것이다.

사람이 일정한 입지立志(뜻을 세움)가 없으면, 일정한 목적을 갖지 못하고 눈앞의 이해만을 좇게 된다. 그리하여 천박한 객기와 비루한 정욕이 금시 일어났다가 졸지에 없어지거나 아침저녁으로 변할 것이니, 어찌 일정한 목적을 달성하기 위해 응용하는 만변불궁의 묘용이 있겠는가?

명성만을 좇으면 헛된 결실만 얻게 된다

업을 이루고 공을 세우려 한다면
반드시 실지實地에 근거해야 한다.
만에 하나라도 명성만을 좇게 되면
문득 허사가 될 것이다.
도道를 강론하고 덕德을 수행함에 있어서
생각마다 허허로운 마음 곳곳에 터전을 세워야 할 것이다.
만일 조금이라도 이로움과 쓸모만을 헤아리다 보면
문득 세속의 감정에 휩쓸리게 된다.

立業建功 事事要從實地着脚 若少慕聲聞 便成僞果
입 업 건 공　사 사 요 종 실 지 착 각　약 소 모 성 문　편 성 위 과

講道修德 念念要從虛處立基 若稍計功效 便落塵情
강 도 수 덕　염 념 요 종 허 처 립 기　약 초 계 공 효　편 락 진 정

한자풀이　實地 어떤 사물(事物)의 실제 경우나 처지

　업적을 이루려는 사람이라면 반드시 어떤 일의 실제적인 경우나 처지에서 발을 내딛어야 한다. 만약 그것에서 벗어나 조금이라도 명성만을 마음에 둔다면 진실한 뜻은 이루지 못하고 문득 헛된 결실만 얻게 된다. 도덕을 논하고 닦는 사람은 생각마다 탐욕이 없는 허심虛心(마음을 비움)에 기본을 세워야 할 것이다. 만일 마음을 비우지 않고 공리功利의 효과만을 얻으려 한다면 도리어 도덕에 이르지 못하고 세속적 욕망에 빠

지게 될 것이다. 그러므로 공을 이루려면 먼저 명예를 얻으려는 마음을 버리고, 도와 덕을 닦을 때는 반드시 효과를 기대하는 생각을 잘라내야 할 것이다.

8 차마 하지 못하는 마음

차마 하기 어려운 한 가지 마음이,
바로 백성을 낳고 만물을 생성시키는 뿌리와 싹이다.
단 한 번의 불의도 행하지 않는 절개,
이것이 하늘과 땅을 지탱하는 기둥과 주춧돌이다.
그러므로 군자는
한 마리의 벌레나 개미도 차마 죽이지 않아야 하고,
한 오라기 실의 탐욕도 용납하지 않아야 한다.
그래야만 백성과 만물에 내려진 본성을 보전하고,
천지의 근원을 세울 수 있는 것이다.

一點不忍的念頭 是生民生物之根芽
일 점 불 인 적 염 두 시 생 민 생 물 지 근 아

一段不爲的氣節 是撑天撑地之柱石
일 단 불 위 적 기 절 시 탱 천 탱 지 지 주 석

故君子於一蟲一蟻 不忍傷殘 一縷一絲 勿容貪冒
고 군 자 어 일 충 일 의 불 인 상 잔 일 루 일 사 물 용 탐 모

便可爲民物立命 天地立心矣
편 가 위 민 물 립 명 천 지 입 심 의

    살상을 하지 않겠다는 오직 한 가지 생각이 바로 백성과 만물을 생성시키는 뿌리와 싹이다. 또 이치에 맞지 않는 행동은 단 한 번이라도 하지 않겠다는 기개와 절의는 천지를 지탱하는 기둥과 주춧돌이다. 그러므로 도덕을 닦는 군자는 개미 한 마리도 죽이지 않아야 하며, 한 오라기 실도 탐내지 않아야 하는 것이다. 이것이 바로 하늘이 백성과 만물에게 내려준 본성을 보존하고 근원을 이룸이다.

    즉, 벌레나 개미 한 마리를 죽이지 않는 것은 지극히 사소한 행위이지만, 이것은 측은히 여기는 마음이다. 이것은 인仁에서 나오는 싹이니 이것을 배양해서 키운다면 충분히 사람을 구제하고 사물을 이롭게 하는 자선慈善에 이르게 할 것이다.

    또 실 한 오라기 탐내지 않는 것은 지극히 작은 행동이지만, 이것은 부끄러움에서 만들어지는 의로움이다. 그러므로 이것을 이행해서 정의를 원만히 성숙시키면, 반드시 천지를 지탱하는 기개와 절의를 세우게 될 것이다. 그렇게 된다면 백성과 만물을 위하여 본성을 보전시키고 근원을 이루게 되지 않겠는가?

9 백 가지 상황과 만 가지 변화 속에서도 변치 않는 마음

학자의 지조가 동정動靜에 따라 흔들리고,
시끄럽거나 고요한 곳에 따라 취향이 달라지면
분명히 단련됨이 미숙하여 마음이 혼란하고 어지럽기 때문이다.
따라서 더욱 수양하여
구름과 물이 멎는 정적 속에서는 솔개가 날고 물고기가 뛰는 기상을 갖추고,
사나운 비바람 속에서는 파도를 쉬게 하여 잔잔한 물결이 이는 풍광을 갖추면,
비로소 어느 곳에서든 일정하고 만 가지 변화에도 일정한
묘리妙理를 보여줄 수 있을 것이다.

學者動靜殊操 喧寂異趣 還是煆煉未熟 心神混淆故耳
학 자 동 정 수 조　훤 적 이 취　환 시 단 련 미 숙　심 신 혼 효 고 이

須是操存涵養 定雲止水中 有鳶飛魚躍的景象
수 시 조 존 함 양　정 운 지 수 중　유 연 비 어 약 적 경 상

風狂雨驟處 有波恬浪靜的風光 纔見處一化齊之妙
풍 광 우 취 처　유 파 염 낭 정 적 풍 광　재 견 처 일 화 제 지 묘

한자풀이 喧 시끄럽다, 떠들썩하다 | 煆 '煅'과 같은 자 | 恬 편안하다

　도를 배우는 자가 동정動靜에 따라 지조를 굽히고, 시끄럽고 고요한 곳에 따라서 태도를 달리하여 시끄러울 때 바쁘고 복잡해지고 고요할 때 침묵하여 아무것도 보지 않는다면 이것은 주변의 상황에 따라 마음 지키기를 수시로 바꾸는 것이다. 이러한 태도는 객기客氣를 없애려는 마

음의 단련이 미숙하고, 몸과 마음이 흐리고 복잡하기 때문이다.

따라서 몸과 마음을 더욱 수양하여, 구름이 멈추고 물이 쉬는 것 같은 적막 속에서는 솔개가 날고 물고기가 뛰는 활발한 기상을 갖추도록 하며, 또 모진 바람이 불고 소나기가 쏟아져 내리는 시끄러운 곳에서는 파도를 멈추고 물결을 가라앉히는 깨끗하고 고요한 풍광을 갖는다면, 이것은 적막 속에서 움직이는 이치를 보고 시끄러운 곳에서 고요한 이치를 보게 되는 것이다.

이로써 동정에 따라 지조를 달리하거나 시끄럽고 고요한 곳에 따라 태도를 바꾸는 편벽됨을 없애는 것이니, 백 가지 상황이 똑같고 만 가지 변화가 똑같은 묘리가 여기에 있는 것이다.

10 더러운 병보다 깨끗한 병을 고치기가 더 어렵다

마음은 곧 한 알의 아름다운 구슬이므로,
물욕으로써 가리는 것은 아름다운 구슬을 진흙이나 모래에 섞는 것과 같아
씻어버리기가 오히려 쉽다.
그러나 감정의 의식意識으로 접근하는 것은,
아름다운 구슬에 금은을 칠한 것과 같아
닦아내기 더욱 어렵다.
그러므로 학자는 더러운 병을 근심할 것이 아니라,

깨끗한 병을 고치기가 더욱 어렵다는 것을 근심해야 한다.
즉 일의 방해를 두려워할 것이 아니라,
부당한 이치理致를 막아내기 어려운 것을 두려워해야 한다.

心是一顆明珠 以物欲障蔽之 猶明珠而混以泥沙 其洗滌猶易
심 시 일 과 명 주　이 물 욕 장 폐 지　유 명 주 이 혼 이 니 사　기 세 척 유 이

以情識襯貼之 猶明珠而飾以銀黃 其滌除最難
이 정 식 친 첩 지　유 명 주 이 식 이 은 황　기 척 제 최 난

故學者 不患垢病 而患潔病之難治 不畏事障 而畏理障之難除
고 학 자　불 환 구 병　이 환 결 병 지 난 치　불 외 사 장　이 외 이 장 지 난 제

한자풀이 **顆** 낟알, 흙덩이 ｜ **貼** 붙다, 접근하다 ｜ **垢** 때, 더러움

　마음은 원래 하얗고 깨끗해서 한 점의 결점도 없는 한 알의 아름다운 구슬과 같다. 이러한 마음을 물욕으로 가려 어둡고 어리석게 만드는 것은, 마치 구슬을 진흙이나 모래에 섞어놓은 것과 같아서 그것을 씻어내기는 오히려 쉽다. 물욕으로 본심을 가리는 것은 다만 한때 어둡고 어리석게 될지 모르지만, 하루아침에 그 잘못을 깨달아 반성하고 스스로 수양한다면 어두운 것은 밝게 고칠 수 있고 어리석음은 지혜롭게 변화시킬 수 있다. 이것은 모래와 흙에 섞어놓은 구슬을 씻어내는 것처럼 쉬운 일이다.
　그러나 주관적인 식견이 밀접하게 들러붙어서 곡해曲解와 오해의 마음이 생긴다면, 이것은 구슬을 금은으로 도금한 것 같아 닦아버리기 아

주 어렵다. 그러므로 학자는 물욕이 더럽히는 병을 조심할 것이 아니라, 감정적인 의식으로 무장된 청결한 병을 무서워해야 한다. 사물事物이 흐려지는 것을 두려워할 것이 아니라, 마음이 가려짐을 두려워해야한다. 구구한 감정으로 심원한 이치를 곡해시켜 혼탁한 본심이 참모습을 손상시키는 것, 이것이 바로 학자가 경계해야 할 큰 병폐이므로 경계하지 않으면 안 된다.

11 육체의 허망함을 깨달으면 구속될 것이 없다

육체로서 나를 간파하면
곧 만유萬有가 모두 비어서 항상 허심虛心이니
허虛하면 곧 의리가 들어차게 된다.
성명性命의 나를 인식하면 곧 만 가지 이치가 모두 갖추어져서
그 마음이 항상 차있는 것이니
차있으면 물욕이 들어오지 못하는 법이다.

軀殼的我　看得破　則萬有皆空　而其心常虛　虛則義理來居
구 각 적 아　간 득 파　즉 만 유 개 공　이 기 심 상 허　허 즉 의 리 래 거

性命的我　認得眞　則萬理皆備　而其心常實　實則物慾不入
성 명 적 아　인 득 진　즉 만 리 개 비　이 기 심 상 실　실 즉 물 욕 불 입

사람이란 태어나기 전에도 나의 몸은 없고, 죽은 후를 생각해도 나의 몸은 없다. 살아있는 현재를 생각해보면 홍안(젊어서 혈색이 좋은 얼굴)은 백발로 변할 것이며, 쇠약하고 병들어 건강을 유지하지 못하면 나의 몸은 일정하지 못할 것이다. 이렇게 육체로서 나 자신이 허망하다는 것을 깨달으면, 만물의 형체 또한 내 몸과 같이 비어있는 것이므로 구속될 것이 없다는 것을 알 수 있다. 그런데 사람들이 자기 육체만을 위하게 되면 여러 가지 욕심이 생겨나 본심을 가로막는 일이 생기는 것이다.

만일 육체의 나를 깨달아서 만물이 모두 공허함을 알게 되면, 일체의 물욕이 사라지고 그 마음은 항상 비어 맑은 상태가 된다. 마음을 비우면 공명정대한 의리가 마음속을 가득 채우게 된다. 육체의 나는 어떻게 변하든 간에, 본성本性의 진리만은 천지보다도 먼저 생겨서 시작이 없고 천지보다 늦게 생겨서 끝이 없으므로 모든 이치를 갖추고 만사에 대응하게 된다.

이러한 정신적인 나를 진실로 인식하게 되면 만 가지 이치가 마음속에 모두 갖추어져 그 마음은 항상 진실할 것이며, 그 마음이 진실하면 물욕이 들어올 수 없는 것이다.

그러나 세상 사람들은 정신적인 나는 알지 못하고 오직 육체적인 나만을 사랑하여 여러 가지 물욕에 구속되어 본성이 흐려지고 있으니 참으로 애석한 일이다.

12 큰 바다와 긴 강은 모든 것을 넉넉히 받아들인다

내가 정말로 너른 도가니와 큰 풀무가 된다면
어찌 단단한 금이나 둔한 쇠를 녹이지 못할까 걱정할 것이며
내가 정말 큰 바다와 긴 강이 된다면
어찌 물이 옆으로 흐르거나 더럽혀지는 것을
용납할 수 없다고 근심할 것인가.

我果爲洪爐大冶 何患頑金鈍鐵之不可陶鎔
아 과 위 홍 로 대 야   하 환 완 금 둔 철 지 불 가 도 용

我果爲巨海長江 何患橫流汚瀆之不能容納
아 과 위 거 해 장 강   하 환 횡 류 오 독 지 불 능 용 납

한자풀이 洪 큰물

넓은 도가니와 큰 풀무라면 단단한 금이나 둔한 쇠를 녹일 수 있고, 큰 바다와 긴 강은 시류를 거스르는 물과 더러운 것도 넉넉히 받아들일 수 있다. 사람도 이와 같아서 성대한 위덕威德이 마치 넓은 도가니와 큰 풀무 같다면, 단단한 금이나 둔한 쇠와 같이 어리석고 약한 자일지라도 어찌 감화시킬 수 없겠는가?

또 넓고 통달한 도량이 큰 바다와 긴 강과 같다면, 물이 옆으로 흐르고 더럽혀진 것처럼 교만하고 간사한 자일지라도 어찌 이것을 용납하지 못하겠는가? 사물이 마음을 어긴다고 해서 남을 원망하지 말고 자기 마

음을 반성해야 할 것이다.

---

13 소년 시절에 뜻을 잃지 말아야 한다

대낮에 사람을 속이면
청정한 밤에 부끄러움을 피하기 어렵고
청춘 시절에 뜻을 잃으면
백발이 되었을 때 공연히 슬퍼진다.

白日欺人 難逃淸夜之愧赧
백 일 기 인 난 도 청 야 지 괴 난

紅顔失志 空貽皓首之悲傷
홍 안 실 지 공 이 호 수 지 비 상

한자풀이 愧 부끄러워하다 ｜ 赧 얼굴을 붉히다 ｜ 貽 남기다

대낮은 밖에서는 복잡한 사물들을 상대하고 안으로는 여러 가지 욕망이 일어나는 시간이다. 맑게 갠 밤은 사물이 모두 조용하고 욕망도 가라앉아 마음이 고요하고 정신이 맑아지는 시간이다. 낮에 욕망에 이끌려 남을 속이면, 삼라만상이 고요한 밤에 이르러 욕망이 사라진 본심으로 스스로를 생각할 때 부끄럼이 앞서 얼굴이 붉어질 것이다.

또 몸이 건강하고 정신이 맑은 소년 시절에 뜻을 잃고 어떤 일을 이루지 못하면, 노쇠한 백발의 말년에 이르러 쓸데없는 후회 속에 한갓 적막한 슬픔만 남게 된다.

그러므로 사람이 밤중에 생겨나는 부끄러움을 면하려면 대낮에 남을 속이지 말아야 하고, 늙어서 슬퍼하는 일이 없으려면 소년 시절에 뜻을 잃지 말아야 할 것이다.

14 재물을 축적하는 마음으로 학문을 쌓아라

재물을 쌓아두는 마음으로 학문을 쌓고
공명功名을 구하려는 생각으로 도와 덕을 추구하고
처자를 사랑하는 마음으로 부모를 사랑하고
벼슬을 보존하는 방법으로 나라를 보존할 것이다.
여기에 나오고 저기에 들어가는 것은 다만 머리카락 한 올의 차이지만
범인凡人을 넘어서서 성인聖人의 경지에 들어가는 인품이란 천양지차天壤之差다.
그러니 사람이 어찌 이것을 열심히 깨닫지 않을 것인가.

以積貨財之心 積學問 以求功名之念 求道德
이 적 화 재 지 심　적 학 문　이 구 공 명 지 념　구 도 덕

以愛妻子之心 愛父母 以保爵位之策 保國家
이 애 처 자 지 심　애 부 모　이 보 작 위 지 책　보 국 가

出此入彼 念慮只差毫末 而超凡入聖 人品且判星淵矣
출 차 입 피 염 려 지 차 호 말 이 초 범 입 성 인 품 차 판 성 연 의

人胡不猛然轉念哉
인 호 불 맹 연 전 념 재

한자풀이   天壤之差 하늘과 땅 사이 같은 엄청난 차이

　재물을 축적하는 것과 공명을 구하는 것, 처자를 사랑하는 것과 벼슬
을 보존하는 것은 모두 세정世情의 사욕이다. 또 학문을 쌓는 것과 도덕
을 구하는 것, 부모를 사랑하는 것과 국가를 보존하는 것은 사람으로서
마땅히 지켜야 할 도道이다.

　그러나 세상 사람들 가운데는 욕심이 가득 차서 상도常道를 기피하는
자가 많다. 그러니 마땅히 한 번 생각을 돌이켜서 재물을 축적하는 마
음으로 학문을 쌓고, 공명을 구하는 생각으로 도덕을 추구하며, 처자를
사랑하는 마음으로 부모를 사랑하고, 벼슬자리를 보존하는 마음으로 국
가를 보존할 것이다.

　사사로운 욕심과 상도를 이행하려는 그 마음의 차이는, 사실은 머리
카락 한 올에 지나지 않는다. 그러나 범인凡人을 초월해서 성인聖人의 경
지에 들어가는 인품은 하늘과 땅만큼 차이가 있다. 따라서 사람들이 어
찌 깨달아서 터럭만 한 마음을 돌이켜 성인의 경지에 들지 않는 것인
가?

15 물욕의 길을 막아야 도의 문을 열 수 있다

물욕의 길을 막아야만
비로소 도의 문을 열 수 있고
속세의 무거운 짐을 내려놓아야
가히 성현聖賢의 짐을 질 수 있다.

塞得物慾之路 纔堪闢道義之門
색 득 물 욕 지 로　재 감 벽 도 의 지 문

弛得塵俗之肩 方可挑聖賢之擔
이 득 진 속 지 견　방 가 도 성 현 지 담

한자풀이 弛 없애다 | 挑 어깨에 메다

사사로운 욕심과 공도公道의 정의正義는 병행할 수 없다. 또 세속적인 사소한 일과 성현의 책임이 같을 수 없다. 그러므로 도의로 향하는 문을 열고자 한다면, 먼저 사사로운 욕심으로 향하는 길을 막아야 할 것이다. 또한 성현의 짐을 지려면, 반드시 세속에 오염되어 공연히 거들먹거리는 어깨를 끌어내려야 할 것이다.

16 사회의 화목은 가정의 화목에서 비롯된다

성정性情이 편협하거나 이기적일지라도 융화시킬 수 있으면
이것이 바로 큰 학문이며
가정 내의 간극을 해소시킬 수 있으면
비로소 큰 경륜經綸을 이루는 것이다.

融得性情上偏私 便是一大學問
융 득 성 정 상 편 사 편 시 일 대 학 문

消得家庭內嫌隙 便是一大經綸
소 득 가 정 내 혐 극 편 시 일 대 경 륜

한자풀이 **經綸** 천하를 다스리는 것

    편협한 마음과 이기심을 융화시켜 어느 한쪽으로 기울어지지 않게 하는 것이 이른바 덕육德育이다. 사람이 지식을 쌓고 신체를 건강하게 만드는 것을 아무리 배워 익혀도, 덕을 충분히 기르지 못한다면 마음 씀씀이와 일 처리가 한쪽으로 기울게 된다. 이것은 근본이 없는 지엽적인 배움에 지나지 않는다.

    그러므로 덕을 열심히 육성함으로써 편협한 성품과 이기심을 융화시켜 없앤다면, 이것이 바로 커다란 배움에 이르는 것이다. 또 나라를 다스리고 천하를 평정하는 경륜도 가정을 화목하게 유지하는 것에서 비롯되는 것이니, 사회의 화목을 보존하여 가족 간의 불화를 없앤다면 이것

이 바로 하나의 큰 경륜인 것이다.

17 학문으로 다스리고 덕성으로 융화시켜라

재주와 지혜가 영특하고 민첩한 사람일수록
학문으로써 그 성급함을 다스려야 하고
기절氣節이 과도하게 센 사람은
덕성으로써 그 편벽됨을 융화시켜야 한다.

才智英敏者 宜以學問攝其躁
재 지 영 민 자 의 이 학 문 섭 기 조

氣節激昂者 當以德性融其偏
기 절 격 앙 자 당 이 덕 성 융 기 편

　재주와 지혜가 영특하고 민첩한 사람일수록 성급하게 결정하고 판단하여 매사에 경박하고 조급하기가 쉽다. 이런 사람은 배움을 널리 익혀서 경박하고 조급함을 억제해야 한다. 또 절개가 과도하게 센 사람은 의협심이 너무 강해서 매사에 편벽되고 급하기 쉽다. 이런 사람은 덕성을 배양해서 편벽되고 급한 마음을 융화시켜야 한다.

의식은 사람을 해치는 창칼과 같다

구름과 연기의 그늘 속에 참다운 자신을 드러내면
비로소 형체가 속박[桎梏]되었음을 알게 된다.
짐승과 새의 울음소리 속에서 자신의 성품을 들으면
비로소 감정의 의식이 바로 창과 칼임을 알 수 있다.

雲烟影裡現眞身　始悟形骸爲桎梏
운 연 영 리 현 진 신　시 오 형 해 위 질 곡

禽鳥聲中聞自性　方知情識是戈矛
금 조 성 중 문 자 성　방 지 정 식 시 과 모

한자풀이　烟＝煙．裡＝裏 내부, 속마음 ｜ 桎梏 옛 형틀인 차꼬와 수갑, 즉 속박이라는 뜻

참다운 자신이란 저마다 다른 육체를 말하는 것이 아니다. 비록 형체는 없지만 시공간을 초월하여 존재하며, 영겁永劫으로 변하거나 없어지지 않는 것이다.

그러므로 흰 구름이나 검은 연기의 그림자 속에서도 마땅히 그 참다운 자신을 들여다볼 수가 있다. 만일 이 이치를 깨달아서 구름이나 연기 그늘 속에 참다운 자신을 드러낸다면 자신의 구속됨을 깨달을 것이다. 육체로 인해서 여러 가지 정욕이 일어나고 모든 고통이 생겨서 무한한 부자유를 느끼게 되는 것, 그것은 마치 사람에게 질곡을 채우는 것과 같다.

물론 사람의 의식도 자기 성품에서 나오는 것이기는 하지만, 활달하고 공허해서 형체가 없는 인간 본성은 저마다 다른 의식에 속해 있을 뿐만 아니라, 어느 공간의 어느 빛 아래에서 드러나지 않는 것이 없다.

또 작은 새소리 속에서도 충분히 자기 성품을 들을 수 있으므로, 만일 이 이치를 깨달으면 의식이라는 것이 나를 해치는 창칼과 같다는 것을 알 것이다. 물욕과 망령된 감정에 가로막힌 의식이란, 희로애락의 차별이 서로 충돌하여 여러 번뇌를 일으키는 것이다. 그것은 마치 무기들이 서로 부딪쳐서 사람을 상하게 하는 것과 같다.

그러므로 이것을 심상히 보아 넘기지 말고 그 현묘玄妙한 이치를 얻는다면, 수양의 참다운 의미를 얻을 것이다.

19 처음이 중요하다

욕심이 처음 생겨나는 곳을 잘라 없애면
새로 나오는 풀을 뽑아내듯
그 공부가 매우 쉬울 것이다.
하늘의 이치도 처음 깨달았을 때 얻어서 마음에 채우면
문득 먼지 낀 거울을 다시 닦는 듯
광채가 다시 새로워질 것이다.

人欲從初起處翦除 便似新荔遽斬 其工夫極易
인 욕 종 초 기 처 전 제　편 사 신 추 거 참　기 공 부 극 이

天理自乍明時充拓 便如塵鏡復磨 其光彩更新
천 리 자 사 명 시 충 척　편 여 진 경 부 마　기 광 채 갱 신

한자풀이 荔 꼴, 풀 ｜ 乍 잠깐

　인욕이란 사람의 사사로운 욕심이며, 하늘의 이치는 사물의 공변된
(사사롭거나 한쪽으로 치우치지 않고 공평한) 이치이다. 인욕을 막고 천리天
理를 따르는 것은 사람으로서 마땅히 배우고 익혀야 할 일이다. 인욕과
천리의 구별은 실로 한 가지 생각의 차이에서 생긴다. 인욕이 막 생겨
날 때 마음을 돌이켜서 없앤다면, 마치 새로 나오는 풀을 바로 뽑아내
는 것처럼 아주 쉽게 배울 수 있다.

　아무리 어리석은 사람이라도 가끔 본심 속에 있는 천리가 잠깐 저절
로 밝아질 때가 있는 법이다. 이 천리가 잠깐 밝아질 때 이것을 마음속
에 채우고 다시 갈고닦으면, 마치 먼지가 낀 거울을 닦아낸 것처럼 그
광채가 다시 선명해질 것이다.

20 스스로 깨달아야 한다

사리事理를 남의 말에 의하여 깨닫는 자는
깨달음이 있어도 도리어 흐려져서
자기 스스로 깨달아 아는 것보다 못하다.
뜻을 밖으로부터 얻는 자는
얻는 것이 있어도 도리어 잃기가 쉬우니
모든 것을 스스로 얻어 충분히 아는 것만 못하다.

事理因人言而悟者　有悟還有迷　總不如自悟之了了
사 리 인 인 언 이 오 자　유 오 환 유 미　총 불 여 자 오 지 요 료

意興從外境而得者　有得還有失　總不如自得之休休
의 흥 종 외 경 이 득 자　유 득 환 유 실　총 불 여 자 득 지 휴 휴

　사람이 사리를 깨달을 때 남의 말에 의해 깨닫는 자는, 비록 깨달음
이 있어도 오히려 의혹을 갖게 되어 자기 스스로 깨달아 아는 것만 못하
다. 왜냐하면 남의 설명을 듣고 사리를 깨닫는 자는 남의 설명을 들을
때에는 깨닫는 것 같지만, 남의 설명이 없으면 곧 의혹이 생겨 잊어버
리게 된다. 그러나 자기 마음으로 연구해서 깨달은 자는, 남의 설명과
상관없이 항상 분명하게 알 수 있다.
　또 뜻이나 흥미를 오직 밖에서 얻는 자는 밖에 좋은 경치가 있으면
흥이 나고, 밖에 좋은 경치가 없어지면 흥도 곧 사라져 없어지게 마련
이다. 그러므로 밖의 경치를 기대하지 않고 마음속으로 스스로 얻어 항

상 유유자적하는 것보다 못하다.

이것은 밖의 경치에 따라서 흥이 나기도 하고 없어지기도 하는 것이다. 그러므로 슬프고 쓸쓸한 곳에서도 담담하고 화평한 마음을 유지하며, 적막한 곳에서도 밖의 경치에 구애되지 않고 한가로이 흥취를 만들어내어 항상 넉넉한 모습을 취하는 것과 같을 수 있겠는가?

〈2〉 응수(應酬州)

응수란 일체의 사물을 접하고 주고받는 것을 말한다. 사람은 서로 관계하며 살아가는 동물이므로 홀로 살아갈 수 없다. 그러므로 천태만상千態萬象의 인간관계가 모두 자기의 활동을 동반하여 일어나는 것이다. 따라서 복잡하게 얽혀있는 사물들에 대하여 응수의 도道를 알지 못한다면, 어찌 세상을 안전하게 살아갈 수 있겠는가? 모든 사물 사이에 상대적으로 생기는 행불행과 이해득실의 관계가 분분紛紛하여 일정하지 않으니, 이 응수의 도를 생각하지 않을 수 없다.

1   어떠한 난관에도 흔들리지 않으려면

절개를 지키려면 반드시 참마음의 주재主宰가 있어야 한다.
참마음의 주재가 없다면 일을 만날 때마다 넘어지므로,
어떻게 하늘을 받들고 땅에 기둥을 세울 수 있겠는가?
응용하는 데에 원만한 기틀이 있어야 한다.
원만한 기틀이 없으면 곧 사물에 접했을 때 장애가 생길 것이므로,
어찌 하늘과 땅을 굴리는 경륜을 이룰 수 있겠는가?

操存 要有眞宰 無眞宰 則遇事便倒 何以植頂天立地之砥柱
조 존 요 유 진 재 무 진 재 즉 우 사 편 도 하 이 식 정 천 립 지 지 지 주

應用 要有圓機 無圓機 則觸物有碍 何以成旋乾轉坤之經綸
응 용 요 유 원 기 무 원 기 즉 촉 물 유 애 하 이 성 선 건 전 곤 지 경 륜

한자풀이   宰 다스리다 ｜ 碍 = 礙 방해하다 ｜ 旋 회전하다 ｜ 乾坤 하늘과 땅

지주砥柱라는 것은 하늘과 땅을 받들고 있는 산을 말한다. 옛날 부주산不周山이 하늘과 땅을 받들어주었다. 그런데 공공씨와 대정씨가 서로 싸우다가 공공씨가 머리로 부주산을 받아서 산이 무너져 하늘이 기울어졌다. 그래서 여와씨가 오색의 돌을 갈아 무너진 곳을 메웠다 하여 이것을 지주라 한다.

사람이 자신의 지조를 지키고 수양을 쌓을 때 참마음의 주재가 있어야 한다. 참마음의 주재가 없으면 일정한 입지立志가 있을 수 없다. 이

리저리 흔들리고 산만하여 무슨 일을 당했을 때마다 끌려다니며 설왕설래하게 된다. 그러므로 어떻게 천지를 받치고 있는 지주처럼, 굽히지 않고 흔들리지 않는 지조를 세울 수 있겠는가?

사물에 대응할 때에도 원활한 기능이 있어야 한다. 원활한 기능이 없으면 한쪽으로 치우치고 침체되어 무슨 일에도 장애가 생기게 된다. 그러므로 어떻게 천하를 다스릴 큰 경륜을 이룰 수 있겠는가?

사람은 당연히 일정한 주재를 태산처럼 곧게 세워서 어떤 난관이나 장애를 만나게 되어도 조금도 흔들리지 말고, 또 사물을 응용하는 데에는 원만한 기틀로 대응하여 어떠한 변고에서도 통달할 수 있어야 한다.

2   좋고 싫음을 경솔히 드러내지 말라

사군자의 세상살이는 경솔히 희로喜怒를 보이지 않는다.

희로를 경솔히 나타내면 개성個性과 마음속을 모두 엿보이게 될 것이다.

또 사물에 대해 애증을 심하게 드러내지 않는다.

애증을 심하게 품으면 의기意氣와 정신이 모두 사물의 속박을 받게 될 것이다.

士君子之涉世 於人不可輕爲喜怒
사 군 자 지 섭 세   어 인 불 가 경 위 희 로

喜怒輕 則心腹肝膽 皆爲人所窺
희 로 경   즉 심 복 간 담   개 위 인 소 규

於物不可重爲愛憎 愛憎重 則意氣精神 悉爲物所制
어 물 불 가 중 위 애 증 애 증 중 즉 의 기 정 신 실 위 물 소 제

사군자는 세상살이에서 기쁨과 노여움을 경솔히 드러내지 않아야 한다. 만에 하나 조금이라도 좋은 일이 있다고 곧 기쁜 빛을 드러내고 조금 마음에 거슬리는 일이 있다고 이내 분노를 표하여 기뻐하고 노여워하는 것이 너무 지나치게 민첩하면, 다른 사람이 얼굴에 나타난 희로의 표정에서 마음은 물론 오장육부까지 엿볼 수 있는 것이다.

또 외물에 대해 사랑하고 미워하는 것도 지나치지 않아야 한다. 만일 사랑과 미움이 지나치게 편벽되어 집착하면, 사랑과 미움에 여러 가지 부조화가 생겨 의기와 정신이 외물의 제재를 받게 되는 것이다.

3 편협한 생각을 고집하지 말라

마음이 맑고 깨끗해서 항상 명경지수明鏡止水 속에 있으면
곧 천하에 스스로 미워할 일이 없다.
의기가 화평해서 언제나 여일광풍麗日光風 속에 있으면
곧 천하에 스스로 미워할 사람이 없다.

心體澄徹 常在明鏡止水之中 則天下自無可厭之事
심 체 징 철　상 재 명 경 지 수 지 중　즉 천 하 자 무 가 염 지 사

意氣和平 常在麗日光風之內 則天下自無可惡之人
의 기 화 평　상 재 여 일 광 풍 지 내　즉 천 하 자 무 가 오 지 인

한자풀이 澄 맑다 | 明鏡止水 맑은 거울과 고요한 물. 사념이 없는 깨끗한 마음

　한 점의 티끌도 없는 밝은 거울과 한 올의 물결조차 없는 고요한 물은, 사물의 장점과 단점 그리고 아름다움과 추함을 그대로 비추어준다. 사람의 마음도 이렇게 맑게 비어있으면, 밝은 거울이나 고요한 물처럼 만사의 진리가 그대로 드러나고 기뻐하고 미워하는 정욕에 구애를 받지 않으므로 천하에 미워할 일이 없다.

　또 밝고 고요한 날씨와 평화로운 풍경은 만물을 발육시켜서, 풀이나 난초와 같은 아름다운 식물이나 가시나무를 가리지 않고 모두 그 생성을 돕는다. 사람의 의기도 융화되고 평등해서, 선악과 사정邪正을 가리지 않고 포용하면 천하에 미워할 사람이 없다.

　그러므로 사람은 항상 마음을 맑고 깨끗하게 갖고, 의기意氣를 화평하게 하여 외물에 대해 편협한 생각을 고집하지 않아야 한다.

4 이해득실을 너무 분명히 따지지 말라

시비, 곡직을 가려야 할 때는 조금도 느슨함이 없어야 한다.
조금이라도 느슨하면 옳고 그름을 잘못 판단하게 된다.
이해득실의 문제는 너무 밝히지 않는다.
지나치게 분명하게 선을 그으면
이로움만 취하고 해로움을 피하는 폐단이 생길 것이다.

當是非邪正之交　不可少遷就　少遷就　則失從違之正
당 시 비 사 정 지 교　불 가 소 천 취　소 천 취　즉 실 종 위 지 정

值利害得失之會　不可太分明　太分明　則起趨避之私
치 이 해 득 실 지 회　불 가 태 분 명　태 분 명　즉 기 추 피 지 사

한자풀이 違 어기다 ｜ 値 값하다 ｜ 趨 좇다

　의리에 대해 시비와 곡직(굽음과 곧음, 즉 사리의 옳고 그름)을 가려야 할 때는 지체하지 말고 결정해서 그른 것과 간사한 것을 버리고 옳고 바른 것을 취해야 한다. 만일 이것을 늦추고 결정하지 않으면, 옳은 것과 바른 것을 취하고 그른 것과 간사한 것을 버리는 정도正道를 잃기 쉽다.

　또 사욕私慾에 대해 이해득실의 문제에 놓이면, 너무 지나치게 분명히 계산하여 이익만을 챙기고 손해되는 것을 버려서는 안 된다. 왜냐하면 사욕의 이익이 도리어 의리에 해가 되는 경우가 있기 때문이다. 만일 의리를 돌보지 않고 이해와 득실만을 계산한다면 사욕에 빠져 정의

를 무시하는 감정이 생기게 될 것이다.

그러므로 사욕의 이해와 득실은 계산하지 말고, 의리에 대한 시비와
곡직은 가려 행할 것이다.

5 아첨하지 말라

파리가 천리마에 얹혀 가면 빨리 갈 수 있다.
그러나 남에게 얹혀서 간다는 수치를 면하기는 어렵다.
겨우살이가 소나무에 붙어 자라면 높이 올라간다.
하지만 남에게 붙어서 올라간 부끄러움은 면치 못할 것이다.
그러므로 군자는 차라리 바람과 서리를 견디며 고생할지라도
물고기나 새가 사람에게 아첨하는 것 같은 일은 하지 말아야 한다.

蒼蠅附驥　捷則捷矣　難辭處後之羞
창 승 부 기　첩 즉 첩 의　난 사 처 후 지 수

蔦蘿依松　高則高矣　未免仰攀之恥
조 라 의 송　고 즉 고 의　미 면 앙 반 지 치

所以君子　寧以風霜自挾　毋爲魚鳥親人
소 이 군 자　영 이 풍 상 자 협　무 위 어 조 친 인

한자풀이 蠅 쉬파리 | 蔦蘿 담쟁이덩굴 | 攀 붙잡고 오르다 | 毋 말다

파리가 천리마의 꼬리에 붙어서 하루에 천 리 길을 간다고 하면 그 속도가 얼마나 빠르겠는가. 그러나 이것은 파리 스스로 움직이는 힘이 아니고 남의 힘에 의지하는 것이다. 그러므로 말의 꼬리에 붙어서 간다는 치욕을 면하기 어렵다.

담쟁이가 큰 소나무에 감겨 높이 오른다 할지라도, 스스로 오른 것이 아니라 남에게 의지하여 자란 것이므로 소나무에 기댄 부끄러움을 면치는 못한다.

사람도 같다. 구구한 졸장부나 아첨하는 소인배는 자기의 자유를 버린 채 하인배와 같은 시늉을 하고 세력 있는 자에게 아부하여 부귀영화를 얻으려 한다. 이러한 사람은 가령 일시적인 욕망은 달성할 수 있을지 모르지만, 결국에는 남에게 아첨한 수치심을 씻어낼 수는 없다.

그러므로 군자라면 차라리 차가운 바람, 이슬과도 같은 가난과 궁색을 스스로 겪어 송백松柏 같은 기개를 잃지 않는 것이지, 작은 물고기나 새가 사람들 곁에서 돌봐주기를 바라듯 권문세족權門勢族(대대로 권세 있는 집안)에게 아부하여 일시의 영화를 누리려 하지 않는 것이다.

6　너그러운 마음으로 사람들을 평등하게 대해야 한다

좋고 싫음이 너무 분명하면 사물이 따르지 않고
똑똑함과 어리석음을 차별하는 마음이 너무 분명하면 사람이 따르지 않는다.
사군자는 속으로는 주도면밀하고 정확하며 겉으로는 온화하고 인자하여
좋은 것이든 추한 것이든 모두 공평하게 대접하고
똑똑하고 어리석은 사람 모두에게 도움을 주어야
비로소 만물을 생성하는 덕성스런 도량이라 할 수 있다.

好醜心太明 則物不契 賢愚心太明 則人不親
호 추 심 태 명 즉 물 불 계 현 우 심 태 명 즉 인 불 친

士君子須是內精明而外渾厚 使好醜兩得其平 賢愚共受其益
사 군 자 수 시 내 정 명 이 외 혼 후 사 호 추 량 득 기 평 현 우 공 수 기 익

纔是生成的德量
재 시 생 성 적 덕 량

한자풀이　契 맺다 ｜ 渾 흐리다

　좋은 것은 사랑하고 추한 것은 미워하는 마음이 너무 명백하면, 물건에 대한 선택이 극단적이라 물건들이 따르지 않는다. 또 똑똑한 사람을 사랑하고 어리석은 사람을 미워하는 마음이 너무 분명하면, 사람에 대한 선별이 앞서서 많은 사람들과 친해지지 못한다.

　그러므로 사군자는 마땅히 속으로는 정밀하고 명확해서 좋고 싫음이 분명할지라도, 겉으로는 따뜻하고 너그러운 마음으로 사람을 평등하게

대우해야 할 것이다.

　좋아하고 미워하는 마음의 조화를 얻으면 잘나고 못난 사람들이 다 함께 그 도움을 받게 된다. 이로써 바로 일체의 백성과 만물을 생성하는 덕성스런 도량에 이르는 것이다.

　7　마음을 다해 나라를 걱정하고 백성들을 위하라

사군자가 사람을 구제하고 사물을 이롭게 함에는
실리를 추구함이 마땅하지 명예를 얻으려 해서는 안 된다.
명예를 얻으려 하면 덕이 손상된다.
사대부가 나라를 근심하고 백성을 위함에는
마땅히 마음으로 다해야 하지 말만 앞서면 안 된다.
말로써 한다면 비난만 받는다.

士君子 濟人利物 宜居其實 不宜居其名 居其名 則德損
사 군 자　제 인 이 물　의 거 기 실　불 의 거 기 명　거 기 명　즉 덕 손

仕大夫 憂國爲民 當有其心 不當有其語 有其語 則毀來
사 대 부　우 국 위 민　당 유 기 심　부 당 유 기 어　유 기 어　즉 훼 래

한자풀이　濟 구하다 ┃ 宜 마땅하다 ┃ 毀 상처를 입히다

50

사군자가 사람을 구제하거나 사물을 이롭게 할 때에는 마땅히 그 실리에 따라 행할 뿐, 절대 그 명예를 얻고자 해서는 안 된다. 명예를 얻고자 하면 반드시 겸양의 덕이 손상된다.

또 사대부가 국가를 위해 조심하고 백성을 위해 일할 때 마땅히 그 마음으로써 해야 한다. 입으로 먼저 공연한 말만 내세워 스스로를 나라를 근심하는 충신이며 백성을 위하는 지사志士라고 칭찬한다면, 헛소리만 하는 실속 없는 사람이라는 비난을 받을 것이다.

---

8   앞에서 하는 칭찬을 조심하라

남의 면전에서 칭찬하는 것은
뒤돌아서서 헐뜯는 일이 없는 것만 못하다.
또 남과 잠깐 사귀어 즐기는 것보다는
오래 사귀어도 싫증이 나지 않는 것이 낫다.

使人有面前之譽 不若使其無背後之毁
사 인 유 면 전 지 예   불 약 사 기 무 배 후 지 훼
使人有乍交之歡 不若使其無久處之厭
사 인 유 사 교 지 환   불 약 사 기 무 구 처 지 염

남을 대하여 말할 때 가식적인 칭찬을 하거나 또 일시적인 친절을 베

풀면, 상대도 역시 내 앞에서는 칭찬만 할 것이다. 그러나 가식적인 위선이나 일시적인 친절은 항상 변함이 없는 성실함이 아니다. 따라서 뒤돌아서면 비난의 말을 하게 된다. 그러므로 일시적인 거짓으로 면전에서 칭찬을 듣는 것보다, 언제나 성실하여 뒤에서 비방함이 없도록 하는 것이 낫다.

또 친구를 사귈 때 가식적인 태도로 대하면 잠시 기쁜 마음을 얻을 수 있지만 겉치레만 하는 것은 정말 존경하고 사랑하는 것이 아니므로 함께 오래 지내보면 반드시 싫증이 나게 된다. 그러니 거짓으로 교제하여 잠깐 기쁜 마음을 얻는 것은, 존경과 사랑으로 오래 사귀어도 싫증이 나지 않는 것보다 못하다.

9 모든 일에는 순서와 경중이 있다

사람들의 마음을 잘 열고자 하면
마땅히 그 마음의 밝기에 따라 점차 소통시켜야 하며
억지로 닫혀 있는 마음을 바꾸려 해서는 안 된다.
풍속과 관습을 바꾸려는 자는
마땅히 쉬운 부분부터 차츰 바로잡아야 하며
어려운 부분을 경솔하게 고치려 하지 말 것이다.

善啓迪人心者 當因其所明而漸通之 毋强開其所閉
선 계 적 인 심 자　당 인 기 소 명 이 점 통 지　무 강 개 기 소 폐

善移易風化者 當因其所易而漸反之 毋輕矯其所難
선 이 역 풍 화 자　당 인 기 소 이 이 점 반 지　무 경 교 기 소 난

어리석은 사람의 마음을 현명하게 깨우쳐주려면, 마땅히 그 사람이 이미 깨달은 곳으로부터 점차 열리게 해야 한다. 지혜가 꽉 막혀있는 곳을 억지로 열려고 해서는 안 된다. 아무리 어리석은 사람이라도 마음이 열려있는 곳이 아주 없을 수는 없다. 따라서 그곳부터 점차 깨우쳐 열어주면 쉽게 그 공을 이룰 수 있다. 만일 지혜가 막혀있는 곳을 억지로 열고자 하면 결국에는 효과를 얻지 못할 것이다.

비유해서 말하면 어린아이에게 유년 교육을 시키지 않고, 먼저 철학이나 화학 따위의 이해하기 어려운 학문부터 가르치면 효과가 없는 것과 같다.

새로운 법을 만들어 옛날의 풍속과 관습을 고치려면, 마땅히 사소하고 쉬운 법부터 개량해 점차로 어려운 부분에까지 이르러야 한다. 그렇지 않고 고치기 어려운 일부터 경솔하게 교정하려 하면 일을 이룰 수 없다.

그러므로 근세에 이르러 국민들을 새롭게 동화同化시키고자 하는 정치가라면 자기 나라의 고유한 습관부터 소중히 여겨야 하는 것이다.

10 욕망에 대처하는 법

자신의 정욕은 방종하지 말 것이니
마땅히 거역하는 방법으로 억제한다.
그 방법은 오로지 인忍에 있다.
남의 정욕은 거스르지 않아야 하는데
다만 순응하는 방법으로 조절한다.
그것은 오로지 서恕에 있을 뿐이다.
반대로 자신은 용서하고
남에게는 인내하라고 하니
이는 옳지 않은 일이다.

己之情欲不可縱 當用逆之之法
기 지 정 욕 불 가 종   당 용 역 지 지 법

以制之 其道只在一忍字
이 제 지   기 도 지 재 일 인 자

人之情欲不可拂 當用順之之法
인 지 정 욕 불 가 불   당 용 순 지 지 법

以調之 其道只在一恕字
이 조 지   기 도 지 재 일 서 자

今人皆恕以適己 而忍以制人 毋乃不可乎
금 인 개 서 이 적 기   이 인 이 제 인   무 내 불 가 호

자신의 욕망을 모른 체해서는 안 된다. 마땅히 욕망을 거부하는 방법
으로 없애야 한다. 그 방법은 오직 한 가지, 참을 인忍에 있을 뿐이다.

왜냐하면 사사로운 욕정을 방종하게 되면 공공의 도리를 벗어나는 음란하고 좋지 않은 곳으로 빠지게 되기 때문이다. 그러므로 반드시 인내하는 태도로 자신의 정욕을 억제하고 공공의 도리를 좇아야 한다.

이와 반대로 남의 정욕을 억제시켜야 할 때는 순응하는 방법으로 조절해주어야 한다. 그것은 오로지 용서에 있을 뿐이다. 왜냐하면 남의 정욕을 억제시키면 인덕仁德을 손상시켜 마침내 원한을 살 수도 있기 때문이다. 그러므로 너그럽게 용서해주는 방법으로 욕정을 순하게 조절시켜 인덕을 길러야 한다.

그런데 요즘은 반대로 자신의 정욕은 너그럽게 용서하는 마음으로 내버려두고, 남의 정욕에 대해서는 참으라며 억제시키니 얼마나 잘못된 일인가?

11 지나치게 따지거나 이기려 하지 말라

따지기를 좋아하는 것은 현명함이 아니다.
따질 수도 있고 따지지 않을 수도 있는 것이 현명함이라 할 것이다.
반드시 이기는 것이 용맹이 아니다.
이길 수도 있고 이기지 않을 수도 있는 것이 용맹이라 할 것이다.

好察非明 能察能不察之謂明
호 찰 비 명   능 찰 능 불 찰 지 위 명

必勝非勇 能勝能不勝之謂勇
필 승 비 용 능 승 능 불 승 지 위 용

한자풀이 察 살피다 ┃ 謂 일컫다

밝은 지혜란 사물의 시시비비를 가릴 줄 아는 것이다. 만일 마땅히 따질 것과 따지지 않을 것을 분별하지 못하고, 어느 사물이나 한결같이 가혹하게 따지기를 좋아하면 이는 현명함이 아니다. 따질 것은 따지고 따지지 않을 것은 따지지 않는 것이 현명한 것이다.

또 큰 용기란 분한 마음을 풀기 위해서 대적할 수도 있고, 치욕을 참기 위해 나를 억제할 수도 있어야 하는 것이다. 분한 마음을 풀고 치욕을 참는 득실을 조절하지 못하고, 일시적인 객기로 적을 공격하는 것은 큰 용기가 아니다. 적을 이기고 분함을 씻을 수도 있고, 적을 이기지 않고도 치욕을 참을 수 있는 것이 큰 용기인 것이다.

바꾸어 말하면 따지고 따지지 않기를 자유자재로 할 수 있는 것이 현명함이며, 누르고 누르지 않기를 마음먹은 대로 할 수 있는 것이 바로 용기이다.

12　일을 원만히 이루려면 때를 잘 살펴야 한다

때를 따르는 가운데에서 때를 잘 구제하면
시원한 바람이 무더위를 씻어주는 것과 같다.
어지러운 세속 가운데에서 세속을 잘 벗어나면
밝은 달이 엷은 구름을 비쳐주는 것과 같다.

隨時之內善救時 若和風之逍酷暑
수 시 지 내 선 구 시　약 화 풍 지 소 혹 서

混俗之中能脫俗 似淡月之映輕雲
혼 속 지 중 능 탈 속　사 담 월 지 영 경 운

　때를 구제한다는 것은 어지러운 시대를 바로잡아 백성을 구하는 것이다. 세상을 바로잡으려는 자가 종종 시대에 역행하며 남과 충돌하는 행동만을 고집하다가 일이 뜻대로 되지 않으면 극단적인 실패를 초래하게 된다.

　예를 들면 남에게 의뢰하기를 좋아하는 사회 풍조를 바로잡으려 할 때에는, 반드시 정반대의 위치에서 그것을 통박하고 독립성을 환기시켜 주어야 할 것이다. 그렇게 하면 한 사람의 힘으로 사회 전체를 전환시키는 것이니, 도도한 물결 위에 외로운 돛대로써 거꾸로 가는 것과 같으므로 그 힘을 지탱하기가 어렵다.

　그래서 간혹 참담한 고난과 격심한 분노를 참지 못하고 스스로를 죽이는 극단을 선택하기도 한다. 그렇게 모든 일이 수포로 돌아간다면,

그 괴로운 뜻은 가상하겠지만 그것은 박약한 정신으로 행한 개인적인 행동에 지나지 않는다.

이렇게 해서는 시국을 구하는 큰 공을 원만하게 이루지 못한다. 그러니 잠시 못마땅함은 참으며 상황을 살피는 가운데 적절한 임기응변의 방법으로 차츰 그 시기를 구제한다면, 마치 시원한 바람이 무더위를 씻어주는 것과 같이 급작스러운 피해가 없어서 깨닫지 못하는 사이에 그 공이 이루어질 것이다.

또 어지러운 세속에서 벗어나고자 함은, 멀리 떠나서 혼자서 청정함을 구하는 것이 아니다. 그것은 도리어 고결한 감정에 치우쳐 호기심의 속태俗態(고상하지 못한 모습)에 빠지기가 쉽다. 혼탁한 세속에서도 능히 물들지 않고 욕망에서 벗어나는 것은, 밝은 달빛이 엷은 구름에 비치는 것처럼 은연중에 그 색채를 어지럽히지 않아야 순전히 아름다운 탈속脫俗의 도인이 될 수 있는 것이다.

13 속세의 더러움을 알아야 그 더러움에 물들지 않는다

이 세상에서 무슨 일을 하려고 생각하는 자는
우선 속세 밖의 풍광을 알아야 한다.
그렇지 않으면 곧 어지러운 속세의 인연에서 벗어날 수 없다.
또한 속세의 더러움이 없기를 바라는 자는
우선 속세의 맛을 잘 깨달아야 한다.
그렇잖으면 곧 공적空寂한 아취雅趣를 누릴 수 없다.

思入世而有爲者 須先領得世外風光
사 입 세 이 유 위 자 수 선 영 득 세 외 풍 광

否則 無以脫垢濁之塵緣
부 즉 무 이 탈 구 탁 지 진 연

思出世而無染者 須先諳盡世中滋味
사 출 세 이 무 염 자 수 선 암 진 세 중 자 미

否則 無以持空寂之苦趣
부 즉 무 이 지 공 적 지 고 취

한자풀이 須 모름지기 | 垢 때, 띠끌 | 諳 암송하다

　세상에 나가서 무엇인가 바람직한 일을 하고자 하면, 먼저 명예와 욕심과 재미에 빠져들기 쉽다. 그러므로 먼저 욕심 없고 깨끗한 속세 밖의 풍광을 얻어 세속의 구애를 받지 않아야 한다. 만일 세상 밖의 풍광을 깨닫지 못하면, 더럽고 흐린 세속의 모든 인연에서 벗어날 수 없다.

또 세속에 물들지 않으려는 사람은 먼저 세상으로 뛰어들어 그 재미를 모두 겪어야 물들지 않을 수 있는 것이다. 그 후에 비로소 세상 밖의 고요 속으로 들어감으로써 여러 가지 변질에서 벗어날 수 있다. 만일 세속의 재미를 맛보지 못하면 세상 밖의 고요한 아취를 진정으로 누릴 수 없다. 번거롭고 바쁜 것을 겪어본 사람이 한가롭고 조용한 취미를 좋아할 수 있는 것이다.

반대로 번거롭고 바쁜 것을 겪지 못한 사람이 한가롭고 조용한 곳에 있게 되면 도리어 무료하고 답답해서 괴로워한다. 그러므로 속세의 재미를 알지 못한 채 고요한 곳에 처하게 되면 그 고요한 아취를 누릴 수 없는 것이다.

14 끝이 흐지부지한 것보다 시작할 때 서툰 것이 낫다

남과 사귈 때 끝에 소원해지기 쉽다.
그러므로 애초에 친해지기 어려운 것이 오히려 낫다.
일을 처리할 때도 마지막에 성공을 거두는 것이 제일이니
처음 시작할 때 서투른 것이 낫다.

與人者 與其易疎於綜 不若難親於始
여 인 자   여 기 이 소 어 종   불 약 난 친 어 시

御事者 與其巧持於後 不若拙守於前
어 사 자 여 기 교 지 어 후 불 약 졸 수 어 전

남과 사귈 때 나중에 소원해지기 쉬운데, 이것은 처음에 친구로서의
도리를 선택하지 않고 아무 의미 없이 사귀기 때문이다. 처음에 친해
지기 어려운 것은 친구의 지혜와 덕행을 가려서 쉽게 교제를 허락하지
않기 때문이다. 이렇게 가려서 사귀는 사람은 처음에는 친해지기 어려
우나 친해지면 쉽게 멀어지지 않는다. 그러므로 친구를 사귀는 방법에
서 훗날 소원해지기 쉬운 것이, 오히려 처음에 친해지기 어려운 것만
못하다.

일을 진행시킬 때 과정에서 구차하게 교묘한 일을 꾸미는 것은 시작
할 때에 일을 경솔히 처리했기 때문이다. 그러므로 행하려는 일에 대한
깊은 지식과 넓은 생각 없이, 사리판단이 확실하지 않거나 사후 대책도
미리 준비하지 못한 채 경솔하게 진행하여 실패하면 구차한 미봉책을
쓰게 되는 경우가 있다. 그러므로 이것은 차라리 서툴게 시작하더라도
상당한 동기를 가지고 결론을 내리는 것보다 못하다.

15 나쁜 일이 생겼을 때는 그 원인부터 살펴라

공명과 부귀는 소멸되는 곳을 궁극적으로 관찰하면
탐욕이 저절로 줄어들 수 있다.
횡액이나 곤궁도 유래된 곳에서 원인을 연구하면
스스로를 원망하거나 탓함이 저절로 사라진다.

功名富貴 直從滅處 觀究竟 則貪戀自輕
공 명 부 귀　직 종 멸 처　관 구 경　즉 탐 련 자 경

橫逆困窮 直從起處 究由來 則怨尤自息
횡 역 곤 궁　직 종 기 처　구 유 래　즉 원 우 자 식

한자풀이　直從 똑바로 따르다 | 橫 뜻밖의 일 | 尤 더욱

　세상에 가득한 공명과 하늘을 흔들 만한 부귀라 할지라도 사람의 죽음과 일의 변천에 의해 소멸해 없어지는 법이다. 어떠한 공명과 부귀라도 소멸된다는 것을 생각한다면, 비록 그것을 얻게 될지라도 궁극적으로는 잃게 된다는 무상함을 깨달아 탐내고 부러워하거나 간절히 원하는 마음도 사라질 것이다.

　또 갑작스러운 변고나 억울한 곤궁도 그것이 생긴 곳에서부터 그 원인을 연구해보면, 그것이 스스로 자초한 것이며 남의 잘못 때문이 아니라는 것을 알게 되어 하늘을 원망하고 사람을 탓하는 마음이 저절로 없어진다. 그러니 공명과 부귀를 탐내고 욕심내지 말 것이며, 횡액(뜻밖에

닥쳐오는 불행)과 곤경을 당해도 원망하는 마음을 갖지 말 것이다.

16   어떤 일을 겪든 자신의 힘으로 이겨내야 한다

우주 안의 모든 일은 힘써 담당해야 하고
또한 이것을 잘 벗어나는 요령을 가져야 할 것이다.
일을 감당하지 못하면 곧 세상을 다스리고 이끌 수 없을 것이며
세속을 벗어나지 못하면 시원스런 회포가 없을 것이다.

宇宙內事 要力擔當 又要善擺脫
우 주 내 사   요 역 담 당   우 요 선 파 탈

不擔當 則無經世之事業 不擺脫 則無出世之襟期
부 담 당   즉 무 경 세 지 사 업   불 파 탈   즉 무 출 세 지 금 기

한자풀이   擺 털어버리다 | 襟 옷깃, 마음

　사람은 우주 안의 수많은 큰일을 스스로 담당하고 또 능히 여기에서
벗어나기도 해야 한다. 자신의 힘으로 감내한다면, 아무리 어렵고 힘든
일이라도 소신껏 행함으로써 최후에 거둔 성공을 남에게 돌리지 않을
것이다.
　나폴레옹은 '나의 사전에 두려울 외畏와 어려울 난難은 없다(불가능이

란 없다)'라고 말했다. 이것은 세상일에는 두려워하거나 어려워할 것이 없음을 간파하여 능히 담당할 힘이 있다고 자신하는 말이다. 나폴레옹 역시 7척의 하찮은 신체와 분주한 백년의 생애는 남과 다를 바 없다. 그런데도 세상이 놀랄 만한 일을 혼자 담당했으니, 그러한 기백이 바로 우주 안의 일을 자력으로 감당한 한 가지 예이다.

또 우주 안의 모든 일을 훌훌 털어낼 수 있다면, 아무리 훌륭한 일을 이루었을지라도 욕심을 버리고 언제라도 물러날 수 있으므로 최후의 재앙을 면할 수 있는 것이다.

한나라의 장량張良은 유방을 섬겨 천하를 얻은 뒤에 세상사를 뒤로 하고 신선 적자송을 따라 떠남으로써 후세에 남을 절개를 보존할 수 있었다. 그렇다. 창해역사滄海力士에게 천 근짜리 철퇴를 주어 진시황의 수레를 공격하게 한 호걸 장량이 자신의 공을 이룬 뒤에는 공명과 부귀를 헌신짝처럼 버리고 신선을 따라 솔잎을 먹으며 말년을 보냈으니 이것은 어떤 도량이었을까?

이것이 바로 우주 안의 일을 초월한 좋은 예이다. 우주 안의 일을 감당하지 못하면 두려움을 갖게 되어 세상을 이끌고 다스리는 큰일을 할 수 없고, 또 영리를 벗어나지 못하면 자유스럽지 못하여 속세를 벗어나는 깨끗한 마음을 품을 수 없는 것이다.

17 여유를 잃지 말라

사람을 대할 때 마음에 여유가 있어
끝없는 친절과 예의를 가지고 있으면
싫증 내지 않는 인심을 잡아둘 수 있다.
일을 처리하는 데에 여유가 있어
무궁한 재주와 지혜를 갖고 있으면
예측할 수 없는 일을 방지할 수 있다.

待人 而留有餘不盡之恩禮 則可以維繫無厭之人心
대 인   이 류 유 여 부 진 지 은 례   즉 가 이 유 계 무 염 지 인 심

御事 而留有餘不盡之才智 則可以隄防不測之事變
어 사   이 류 유 여 부 진 지 재 지   즉 가 이 제 방 불 측 지 사 변

한자풀이 繫 매다 | 御 다스리다 | 測 헤아리다

    남을 대할 때 처음에는 친절을 베풀고 예를 갖추다가 나중에 그것을
계속하지 않으면, 그 사람은 다시 친절과 예를 받을 여지가 없음을 알
고 떠나버리기 쉽다. 만일 여유가 있어 끝없이 친절과 예의를 갖추어
상대의 기쁨을 충족시킨다면 결코 인심이 떠날 일은 없을 것이다.

    또 일을 처리하는 데에 일시에 재주와 지혜를 다해버리고 나머지를
준비하지 않으면 다른 일에 응용할 여력餘力이 없다. 만일 언제까지라도
막힘이 없는 재주와 지혜를 준비해 남겨둔다면, 의외로 어려운 일이 일

어나도 쉽게 막아내 실패를 면할 것이다.

18 즐거울 때의 함정은 벗어나기 어렵다

원수가 쏘는 쇠뇌의 살은 피하기 쉬우나
은혜를 베푼 사람이 찌르는 창은 막기 어렵다.
괴로울 때의 구덩이는 피하기 쉽지만
즐거울 때의 함정은 벗어나기 어렵다.

仇邊之弩易避 恩裏之戈難防
구 변 지 노 이 피   은 리 지 과 난 방

苦時之坎易逃 樂處之阱難脫
고 시 지 감 이 도   낙 처 지 정 난 탈

한자풀이 仇 원수 │ 弩 쇠뇌 │ 坎 구덩이

원수는 언제라도 나를 해치려고 노리고 있다. 그러므로 원수가 쏠지
도 모르는 화살과 같은 위태로운 일은 항상 조심스럽게 살피고 있어 피
하기가 쉽다. 그러나 은혜를 베푸는 사람의 마음속에 숨어있는 창날은
미리 깨달을 수 없기 때문에 이를 막기가 어렵다.

원수가 쇠뇌를 숨기고 있다는 것은 누구나 알 수 있다. 그러나 은혜

속에 창날이 있다는 것은 무슨 뜻일까?

예를 들면 주인이 노비에게 많은 은혜를 베푸는 것은 노비로 하여금 충성을 다하여 부지런히 일을 하게 하기 위해서다. 만약 노비가 주인의 은혜에 감동하여 충성을 다한다면, 그것은 자신도 모르게 자유로운 인간성을 잃는 것이다. 이것은 주인이 베푸는 은혜에 노비의 인간성을 박탈하는 창이 있는 것과 같다. 또 장군이 병졸들에게 후한 상을 주는 것은 그 병졸로 하여금 죽을힘을 다해 용맹하게 싸우게 하기 위함이다. 이는 장군이 베푸는 은혜 속에 남의 생명을 빼앗는 창이 있는 것과 같다.

이것은 은혜를 갚기 위해 나의 행복과 권리를 희생하는 것이며, 또 남의 은총을 독차지하게 되면 다른 사람의 시기와 질투에 의해 은연중에 참혹한 화를 당할 수 있는 것이다. 이러한 불행은 모두 은혜 뒤에 감추어져 있어 쉽게 알아차릴 수 없기 때문에 은혜 속의 창날은 막아내기 어렵다는 것이다.

고통스러울 때의 구덩이는 쉽게 피해갈 수 있다. 그러나 쾌락을 즐기고 있을 때의 함정은 벗어나기 어렵다. 가난함이라든지 감옥살이와 같은 것이 바로 괴로움에 처했을 때의 구덩이와 같은 것이다. 그러나 이것은 항상 마음을 다해 원인을 밝혀서 피하여 죄악과 방탕에 빠지지 않으면 그 화의 구덩이를 쉽게 피할 수 있다.

그러나 부귀, 공명, 맛 좋은 술과 아름다운 여색을 즐기는 쾌락과 같은 일시적인 욕망에는 시기심과 쟁탈의 함정이 숨어있으며, 맛있는 술이나 아름다운 여인에 의해 생명을 잃게 되는 함정이 있다는 것을 깨닫지 못한다. 그리고 더욱 깊이 빠져들게 되면 결코 그 화를 벗어날 수 없다.

그러므로 사람은 결코 남의 은총을 탐내지 말고 쾌락한 곳일수록 더욱 삼가야 하는 것이다.

19 너그럽고 의젓한 사람과는 친해지기가 어렵다

너그럽고 의젓한 사람은 화합하기도 어렵고 헤어지기도 어렵다.
알랑거리는 사람은 친해지기도 쉽고 헤어지기도 쉽다.
그러므로 군자는 차라리 강직하여 남에게 꺼림을 받을지언정
아첨하여 환심을 사는 자가 되지 말 것이다.

落落者難合 亦難分 欣欣者易親 亦易散
낙 락 자 난 합 역 난 분 흔 흔 자 이 친 역 이 산

是以君子 寧以剛方見憚 毋以媚悅取容
시 이 군 자 영 이 강 방 견 탄 무 이 미 열 취 용

한자풀이 **落落者** 너그럽고 의젓한 사람 │ **欣欣者** 사교적인 사람 │ **亦** 또한 │
憚 꺼리다, 삼가다

낙락落落이란 품성이 바르고 절개와 지조가 엄해서, 교제할 때 신의를 지키며 추호도 아첨함이 없어 사귀어 친하기가 어려운 것을 말한다.

이러한 사람은 아부하지 않기 때문에 친하게 화합하기는 어렵지만, 한 번 친해지면 신의를 지켜 경솔히 교의交義를 끊지 않으므로 쉽게 헤어지지 않는다.

이와 반대로 알랑거리는 자는 아첨을 일삼아 교제의 신의를 가리지 않으므로 일시적인 이해득실에 따라 쉽게 가까워질 수 있다. 이런 사람과는 친해지기도 쉽고 소원해지기도 쉽다. 그러므로 군자는 차라리 강직하여, 아첨하는 소인배들이 어렵게 여겨 꺼릴지라도 환심을 사려는 자가 되지 말아야 한다.

20 가을 달이 모든 풍경을 밝게 비추듯

의기는 천하와 더불어 서로 기약하는 데에
봄바람처럼 화창해야 하고
마땅히 반점 간격의 형체도 있지 말아야 할 것이다.
마음속은 천하와 더불어 서로 비추는 데에
가을 달처럼 모든 물건을 비춰주어
추호도 모호한 형상이 있어서는 안 된다.

意氣與天下相期 如春風之鼓暢庶類 不宜存半點隔閡之形
의 기 여 천 하 상 기 여 춘 풍 지 고 창 서 류 불 의 존 반 점 격 애 지 형

肝膽與天下相照 似秋月之洞徹群品 不可作一毫曖昧之牀
간 담 여 천 하 상 조 사 추 월 지 통 철 군 품 불 가 작 일 호 애 매 지 상

의로운 뜻은 조금도 치우치지 않고 융화되고 소통되어 온 세상 모든 사람들과 함께 살고 같이 즐겨야 한다. 하지만 마치 화창한 봄바람이 초목이며 모든 생물들에게 불어대는 것처럼, 조금도 간격이 없는 형상을 취해야 한다.

마음속은 한 점의 숨김도 없이 광명정대하여 온 세상 모든 사람들과 서로 비쳐 통해야 한다. 하지만 깨끗한 가을 달이 강산의 모든 풍경을 밝게 비춰주듯이 조금도 애매하거나 모호한 모양이 없도록 해야 한다.

21 늘 자연의 풍광을 떠올려라

벼슬길이 아무리 화려해도
항상 자연 속의 풍미를 생각한다면
곧 권세에 대한 집착이 저절로 적어질 것이다.
속세의 삶이 아무리 어지러워도
늘 샘가의 광경을 생각한다면
곧 욕심을 탐하는 마음이 저절로 없어질 것이다.

仕塗雖赫奕 常思林下的風味 則權勢之念自輕
사 도 수 혁 혁 　 상 사 림 하 적 풍 미 　 즉 권 세 지 념 자 경

世塗雖紛華 常思泉下的光景 則利欲之心自淡
세 도 수 분 화 　 상 사 천 하 적 광 경 　 즉 리 욕 지 심 자 담

한자풀이 塗 진흙, 길 ｜ 雖 비록 ｜ 紛 어지럽다 ｜ 淡 맑다, 엷다

벼슬길이 비록 화려하게 빛난다 할지라도 항상 고결한 산림山林의 풍
취를 생각하고 있으면, 욕심이 없고 마음이 깨끗해져서 권세에 집착하
려는 생각이 자연히 가벼워질 것이다.

세상을 살아가는 것이 아무리 분잡하고 시끄러워도 늘 고요한 수석水
石의 풍경을 생각하고 있으면, 마음이 가볍고 산뜻해지면서 욕심을 탐
하는 마음이 저절로 없어질 것이다.

---

22 깨끗한 말과 따뜻한 마음의 힘

시끄러운 곳에서 맑고 청정한 몇 마디의 말을 하면
문득 한없는 살기를 씻어낼 것이다.
쓸쓸한 길에서 한 점의 따뜻한 마음을 불러내면
스스로 허다한 희망을 심어줄 것이다.

從熱鬧場中 出幾句淸冷言語 便掃除無限殺機
종 열 뇨 장 중   출 기 구 청 냉 언 어   편 소 제 무 한 살 기

向寒微路上 用一點赤熱心腸 自培植許多生意
항 한 미 로 상   용 일 점 적 열 심 장   자 배 식 허 다 생 의

불꽃처럼 뜨겁고 천둥 번개처럼 시끄럽게 부귀와 권세를 다투는 곳
은, 명리名利의 탐욕과 세력의 다툼이 분분해서 재앙을 일으킬 살기를
품고 있는 법이다. 이렇게 시끄러운 곳에서 깨끗하고 맑은 몇 마디의
말로 명리의 탐욕과 권세의 다툼을 잊을 수 있게 한다면 이것은 분명 살
기등등한 화를 씻어낼 수 있을 것이다.

또 가난하고 하찮은 사람은 어려움을 참지 못해서, 절망하고 낙심해
살아갈 의지를 잃어버리기 쉽다. 그러나 이때 단 한 점의 열정이 생겨
나 심장을 힘차게 두드려준다면 반드시 절망과 낙심으로부터 벗어나 열
심히 살아갈 용기가 돋아날 것이다.

그러므로 사람은 마땅히 부귀와 권력의 자리에 있더라도 항상 욕심
이 없는 깨끗한 마음을 갖고 있어야 하며, 가난하고 하찮은 자리에 있
어도 항상 활발한 기개를 길러야 한다.

23 탐욕은 부귀를 누릴 때 시험해보아야 한다

담박한 마음은 화사한 장소에서 시험해보아야 한다.
마음을 진정시키는 지조는 오히려 시끄러운 곳에서 유지되어야 한다.
만약 지조를 정하지 못하고 응용하는 것이 원활치 못하면
혹 한 번의 기회로 단상壇上에 올라섰을 때
상품의 선사禪師가 하품의 속사俗士로 변할까 두렵다.

淡泊之守 須從濃艶場中試來
담 박 지 수　수 종 농 염 장 중 시 래

鎭定之操 還向紛紜境上勘過
진 정 지 조　환 향 분 운 경 상 감 과

不然 操持未定 應用未圓
불 연　조 지 미 정　응 용 미 원

恐一臨機登壇 而上品禪師 又成一下品俗士矣
공 일 림 기 등 단　이 상 품 선 사　우 성 일 하 품 속 사 의

한자풀이　淡泊 맑고 깨끗한 | 試 시험하다 | 紜 어지러운 | 勘 헤아리다

　사람이 맑고 한가로운 자연에 살면 욕심 없는 깨끗한 마음을 지키기
쉽다. 그러나 호화로운 부귀를 누릴 때는 탐욕이 생겨서 깨끗한 마음을
지키기 어렵다. 또 고요한 곳에서는 그 지조를 충분히 지킬 수 있지만,
시끄럽고 복잡한 곳에 이르면 모든 의미가 이리저리 날뛰어 일정한 길
을 지키기 어렵다.

그러므로 담박한 지조를 지키고자 하면, 번화한 곳에서 시험해보아야 한다. 호화로운 부귀를 누릴 때 이를 시험하여 털끝만큼도 탐욕이 생기지 않는다면 이것이 진정으로 담박한 마음이다. 또 지조를 흔들림 없이 지키는 것도 시끄러운 곳에서 시험하여 조금도 분주함이 없으면 이것이 확실한 것이라 할 것이다.

만일 그렇지 않고 스스로 다스리는 지조가 안정하지 못하여 응용이 원만하지 못한 사람은, 호화로운 처지에 처하거나 시끄러운 위치에 오르게 되면 순식간에 지조가 흔들리게 된다. 그리하여 예전에 맑고 한가로운 곳에서 담박한 마음을 유지하고 고요한 곳에서 흔들림 없이 지조를 갖고 있던 훌륭한 선사禪師(선에 통달한 사람)였을지라도, 호화로운 곳에서 탐욕을 품게 되고 시끄러운 곳에서 마음이 분주해지는 하찮은 속사俗士(속세에 능한 사람)로 변할 것이다.

그러므로 일이 있을 때에 과실을 면하고자 하는 사람은, 마땅히 일이 없을 때에 수양을 쌓도록 힘쓸 것이다.

24 일이 없을 때는 있을 때처럼
일이 있을 때는 없을 때처럼

일이 없어도 항상 일이 있을 때와 같이 방비하면
의외에 생기는 변을 조금은 면할 것이다.
일이 있을 때도 없는 때와 같이 마음을 진정시키면
마침내 그 위험한 처지를 면할 수 있을 것이다.

無事 常如有事時隄防
무사 상여유사시제방

纔可以彌意外之變
재 가 이 미 의 외 지 변

有事 常如無事時鎭定
유사 상여무사시진정

方向以銷局中之危
방 향 이 소 국 중 지 위

한자풀이 彌 그치다 ┆ 銷 녹이다, 다하여 없어지다

   일이 없고 한가할 때에 느긋하고 산만하여 마음의 준비를 조금도 하지 않고 있다가 생각지도 않은 일을 당하게 되면, 당황하고 어찌할 줄을 몰라 그 변을 막아내지 못한다. 그러므로 일이 없을 때라도 일이 있을 때처럼 마음의 준비를 갖추어야 뜻밖의 변을 막을 수 있다.
   또 일이 있을 때 그 일에 집착하거나 혹 당황하고 분주해서 올바르게 처리하지 못하면 그 일 자체에서 위험이 생기기 쉽다. 그러므로 일이 있고 분망(매우 바쁨)할 때라도 머리를 식혀서, 일이 없고 한가할 때처럼 진정시키고 조리한다면 비로소 그 당시의 위험을 없앨 수 있다.

25 남에게 베푼 은혜는 곧 자신에게 이익이 된다

세상살이에서 은혜를 베풀어 남을 감동하게 하는 것
그것이 바로 원망을 없애는 도리이다.
또 일을 당해서 남을 위해 해독을 없애주는 것이
곧 자신에게 이로움을 가져오는 기회가 된다.

處世 而欲人感恩 便爲斂怨之道
처 세 이 욕 인 감 은 편 위 염 원 지 도

遇事 而爲人除害 卽是導利之機
우 사 이 위 인 제 해 즉 시 도 리 지 기

세상을 살아가는 데에 남에게 은혜를 베풀어 그 사람을 감동하게 하는 것은 남을 위해서 은혜를 베푸는 것이 아니고 곧 남이 나에 대해 원한을 품지 않게 하는 길이다. 내가 남에게 은혜를 베풀면 그 사람은 나에게 감사의 뜻을 표하며 원한을 품지 않을 것이니 이것은 바로 간접적인 이익이 되는 것이다.

일을 당했을 때 남을 위해 해와 독을 없애주는 것은 남을 위하는 것이 아니라 곧바로 나에게 이익을 주는 기회가 된다. 내가 남의 해와 독을 없애주면 언젠가 그 사람도 나의 해와 독을 없애줄 것이기 때문이다.

요즈음 사람들은 남에게 조그만 은혜를 베풀거나, 혹 남을 위하여 조그만 수고라도 대신하고 나면 반드시 그 노고를 자랑한다. 이 어찌 잘못된 생각이 아니겠느냐?

26 몸가짐은 정중하게, 태도는 유연하게

몸가짐을 태산구정과 같이 하여 조금도 움직이지 않으면
곧 허물이 저절로 적을 것이다.
일에 대해서 유수낙화처럼 유연한 태도를 취하면
곧 취미가 항상 많을 것이다.

持身 如泰山九鼎 凝然不動 則愆尤自少
지신 여태산구정 응연부동 즉건우자소

應事 如流水落花 悠然而逝 則趣味常多
응사 여유수낙화 유연이서 즉취미상다

한자풀이 凝 엉기다 | 愆 허물 | 尤 더욱 | 逝 가다

태산泰山은 중국 오악五嶽의 하나이며, 구정九鼎은 하우夏禹씨가 9주(전 중국)의 쇠를 모아 주조한 솥(천신에게 제사 지낼 때 쓰는 것)이다. 이것들은 매우 크고 또 무거워서 쉽게 움직일 수 없는 것이다. 자신의 몸가짐을 태산과 구정처럼 정중하게 하고 경솔히 움직이지 않으면, 일이 잘못되는 경우가 자연히 적어질 것이다.

또 일을 당해서도 흐르는 물처럼 막힘이 없게 하고, 떨어지는 꽃처럼 여유 있게 지나친다면 자연 번거롭지 않고 흔들리지 않아 항상 한가한 마음을 지니게 될 것이다.

27   군자와 소인

군자는 엄하기가 돌과 같다.
그 친해지기 어려움을 두려워하여,
아름다운 구슬을 괴물로 여겨
검으로 눌러보려는 마음을 일으키지 않는 일이 드물다.
소인은 매끄러움이 기름과 같다.
그 화합하기 쉬운 것을 기뻐하여,
독을 달콤한 엿이라 여겨
손가락으로 맛보려는 욕심이 생기지 않는 일이 드물다.

君子嚴如介石
군 자 엄 여 개 석

而畏其難親 鮮不以明珠爲怪物 而起按劒之心
이 외 기 난 친 선 불 이 명 주 위 괴 물 이 기 안 검 지 심

小人滑如脂膏
소 인 활 여 지 고

而喜其易合 鮮不以毒螫爲甘飴 而縱染指之欲
이 희 기 이 합 선 불 이 독 석 위 감 이 이 종 염 지 지 욕

　군자는 마음가짐이 바르고 옳으며 기상이 엄하여 바라보면 굳세기가 돌과 같다. 그러므로 두려워하여 쉽게 다가서지 못하고, 이를 꺼려 해독을 가하려는 자가 많다. 비유하면 사람들이 구슬을 괴물로 잘못 알아, 칼로 베어 없애보려는 것과 같다는 말이다.

　소인은 아첨을 잘하고 행위가 교활해서 만나보면 미끄러운 기름과 같다. 그러므로 친해지기 쉬운 것을 기뻐하여 친밀한 정을 맺었다가 뒤에 가서 해를 끼치는 경우가 많다. 비유하면 독을 달콤한 엿으로 잘못 생각하고, 손가락으로 찍어 맛보려는 것과 같다.

　그러니 사람을 사귈 때 도리道理를 구하지 않을 수 없다.

28　사람을 대할 때는 거짓과 숨김이 없어야 한다

일을 당했을 때에 한결같이 평온한 마음을 가지면
비록 흐트러진 실처럼 복잡해도 마침내 실마리가 풀릴 것이다.
사람을 대하는 것도 조금도 거짓이나 숨김이 없으면
비록 산귀山鬼처럼 교활한 자도 마침내 스스로 정성을 보일 것이다.

遇事 只一味鎭定從容 縱紛若亂絲 終當就緖
우 사 　지 일 미 진 정 종 용 　종 분 약 난 사 　종 당 취 서

待人 無半毫矯僞欺隱 雖狡如山鬼 亦自獻誠
대 인 　무 반 호 교 위 기 은 　수 교 여 산 귀 　역 자 헌 성

한자풀이 緖 실마리 ｜ 欺 속이다 ｜ 狡 교활하다

　난처한 일을 당했을 때 한결같은 마음으로 평온을 찾아 일의 순서를
잃지 않는다면, 아무리 흐트러진 실처럼 복잡하게 얽혀있다 해도 결국
순차적으로 정리할 수 있다.

　또 사람을 대할 때 털끝만큼도 거짓이나 숨김이 없이 진실하고 올바
르게 대한다면, 교활한 귀신 같은 사람이라도 스스로 정성을 바치게 될
것이다.

29 마음이 온화하고 의기와 지조가 맑으면

마음이 봄바람처럼 온화하면
비록 주머니가 가난해도
오히려 외로운 사람을 불쌍히 여길 줄 안다.
의기와 지조가 가을 물처럼 맑으면
비록 네 칸짜리 집에 산다 할지라도
귀인을 하찮게 여길 수 있다.

肝腸煦若春風 雖囊乏一文 還憐煢獨
간 장 후 약 춘 풍　수 낭 핍 일 문　환 련 경 독

氣骨淸如秋水 縱家徒四壁 終傲王公
기 골 청 여 추 수　종 가 도 사 벽　종 오 왕 공

한자풀이　煦 따뜻하게 하다 ┃ 憐 불쌍히 여기다 ┃ 煢 외롭다 ┃ 傲 거만하다 ┃
　　　　　 王公 신분이 높은 왕이나 귀족

간장肝腸이란 곧 마음을 말한다. 마음속이 훈훈해서 만물을 생육시키는 봄바람과 같으면, 가난해서 주머니 속에 돈 한 푼이 없어도 오히려 곤궁하고 외로운 사람을 불쌍히 여긴다. 의기와 지조가 가을 물처럼 한 점의 티 없이 청정하면, 아무리 가난해서 집에 사방의 벽만 서있어도 당당하게 왕공王公의 부귀를 조소할 것이다.

가난한 가운데에서도 이웃을 돕는 것이 참다운 덕이다

천금으로 호화로운 사람들과 친교를 맺는 것이
어찌 반 표주박의 곡식으로 굶주린 사람을 구제하는 것만 하겠는가?
천 칸 집을 지어서 잔치를 벌이는 것이
어찌 띠와 이엉을 얹은 초라한 집의 선비를 돌봐주는 것만 하겠는가?

費千金 而結納賢豪 孰若傾半瓢之粟 以濟飢餓之人
비 천 금　이 결 납 현 호　숙 약 경 반 표 지 속　이 제 기 아 지 인

構千楹 而招來賓客 孰若葺數椽之茅 以庇孤寒之士
구 천 영　이 초 래 빈 객　숙 약 즙 수 연 지 모　이 비 고 한 지 사

한자풀이 　粟 조, 오곡 ┃ 楹 기둥 ┃ 椽 서까래 ┃ 茅 띠로 지붕을 이은 집 ┃ 庇 덮다

천금 같은 많은 돈으로 잔치를 열고 혹은 선물을 보내어 사방의 현인이나 일세의 호걸들과 교제를 맺는 것이 좋은 일이 아닌 것은 아니다. 그러나 이것은 사치스러운 마음이며 호방함을 자랑하려는 것으로서 순수한 미덕은 아니다. 그러나 반 표주박의 곡식으로 굶주리는 사람을 구제하는 것은 실로 자비로운 마음에서 나오는 것이니 여기에 참다운 덕이 있는 것이다.

또 천 칸이나 되는 큰 집을 짓고 많은 손님을 초청하여 대접하는 것이 좋은 일이 아닌 것은 아니다. 하지만 이것은 대부분 위세를 자랑하며 한편으로는 명예를 얻으려는 것이기도 하다. 오히려 두어 칸의 초라

한 집으로 가난한 선비를 돕는 측은한 자선만 못한 것이다.

하루에 천금을 쓰며 호탕하게 놀면서도 굶주림에 처한 친척은 돌보지 않고, 금칠한 누대樓臺(누각과 같은 높은 건물)와 찬란한 난간에서 화려한 생활을 하면서도 이웃의 빈한한 사람은 도와주지 않는 부자들은 어찌 반성하지 않고 있는 것일까?

31 사사로운 것에 연연하지 말라

은혜를 베푸는 것이 은혜를 갚는 높은 뜻보다 못하고
분함을 씻는 것이 분함을 참는 높은 뜻만 못하다.
명예를 구하는 것이 명예를 사양함만 못하고
감정을 숨기는 위선이 곧은 절개의 진실보다 못하다.

市恩 不如報德之爲厚 雪忿 不如忍恥之爲高
시 은 불 여 보 덕 지 위 후 설 분 불 여 인 치 지 위 고

要譽 不如逃名之爲適 矯情 不如直節之爲眞
요 예 불 여 도 명 지 위 적 교 정 불 여 직 절 지 위 진

한자풀이 厚 두터운 | 適 가다, 피하다 | 情 본성(本性)

사사로운 은혜를 베푸는 작은 도움은 큰 은혜를 갚는 후의만 못하다.

큰일의 득실을 돌아다 보지 않고 사사로운 울분만을 풀려고 하는 작은 행동은, 일시의 치욕을 참아 먼 훗날을 기약하는 탁견만 못하다.

명예를 구하는 사사로운 욕심은 명예를 사양하는 올바른 멋만 못하다. 감정을 속이는 거짓은 곧은 절개의 진실보다 못하다.

32 실패를 만회하려면 신중해야 한다

이미 실패한 일을 구제하기란
언덕에 매여 있는 말을 모는 것과 같아서
경솔하게 채찍질해서는 안 된다.
공을 이루려고 도모하는 것은
여울을 거슬러 오르는 배를 젓듯이
잠시도 노 젓는 것을 멈추어서는 안 된다.

救旣敗之事者 如御臨崖之馬 休輕策一鞭
구 기 패 지 사 자   여 어 임 애 지 마   휴 경 책 일 편
圖垂成之功者 如挽上灘之舟 莫少停一棹
도 수 성 지 공 자   여 만 상 탄 지 주   막 소 정 일 도

한자풀이 鞭 채찍 | 灘 여울

이미 실패한 일을 만회하려면 위태로운 언덕에 서있는 말을 경솔하게 채찍질하듯 해서는 안 된다. 천 길 낭떠러지에 서있는 말은 충분히 조심하여 천천히 몰아야 할 것이다. 만일 한 번이라도 경솔하게 채찍질을 했다가는 놀란 말이 황급히 달려나가 멍에가 벗겨지고 실족하여 천 길 아래 골짜기로 떨어질 것이다.

이미 실패해버린 일을 다시 살리고자 할 때도 이와 같다. 황급히 행동하여 거듭 실패하는 결과에 이르면 다시는 구제될 여지가 없다. 따라서 신중하게 도모하여 다시 넘어지는 실패를 면해야 한다.

또 공을 이루려면 거세게 흐르는 여울을 거슬러 올라가는 배를 끌어올리듯, 잠시도 노 젓는 것을 쉬지 않아야 할 것이다. 거슬러 올라가는 배를 끌어 올리는 힘은 조금도 쉬지 않고 차츰 전진하여 물러남이 없어야 하기 때문이다. 만일 잠시라도 노 젓는 것을 멈추면, 배는 다시 뒤로 흐르며 결코 상류에 닿을 수 없을 것이다.

그러므로 끝내 성공을 하고자 한다면 조금도 게으름을 피우면 안 되고 더욱 용감하게 나아가야 그 결과를 이룰 수 있다.

33 청년과 노인이 일에 대처하는 자세

청년 시절에는 일이 빠르지 않음을 걱정하지 말고
항상 너무 빠름으로 해서 경솔하게 처리하는 것을 근심할 것이다.
그러므로 반드시 그러한 마음은 억제해야 한다.
늙은 사람은 신중하지 않은 것을 걱정하지 말고
너무 신중하여 움츠러드는 것을 걱정할 것이다.
그러므로 마땅히 그 수동적인 성질을 없애야 한다.

少年的人 不患其不奮迅
소 년 적 인　불 환 기 불 분 신

常患以奮迅而成鹵莽 故當抑其躁心
상 환 이 분 신 이 성 노 망　고 당 억 기 조 심

老成的人 不患其不持重
노 성 적 인　불 환 기 부 지 중

常患以持重而成退縮 故當振其惰氣
상 환 이 지 중 이 성 퇴 축　고 당 진 기 타 기

사람이 일을 진행할 때 용기있게 대처하지 못하면 겁을 내고 미루어 일의 진척이 없다. 또 신중하고 인내하는 힘이 없으면 경거망동하여 자주 실패를 하게 된다. 그러므로 신속함과 신중함을 병행하여 어느 것 하나 빠지지 않게 해야 한다.

그러나 혈기 왕성한 청년 시절에는 신속하게 대처하는 용맹은 걱정할 필요가 없으나, 신속함이 과하여 경솔하고 거칠게 행동할지도 모른다. 따라서 청년 시절에는 반드시 경박한 마음을 억제해야 할 것이다.

　또 혈기가 쇠퇴한 늙은 사람은 신중한 태도는 걱정이 없으나 너무 지나치게 신중하여 겁내고 두려워하여 움츠러들까 걱정이다. 따라서 나이가 들수록 위축되지 말아야 한다.

〈3〉 평의(評議)

평의는 저자 홍응명이 자기 가슴속에 하나의 이상적인 평의회(評議會)를 열고, 여기에 우주 안에 있는 천태만상의 사물들을 심사숙고할 의제로 대입하여, 철저한 토론과 공정한 가결로 평의를 결론내어 독자들 스스로 이것을 판단해 실지에 응용하도록 한 글이다.

1 넓은 도량과 통달한 눈으로 세상을 보라

사물 중에서 천지, 일월보다 더 큰 것은 없다.

그러나 두자미(두보)는

'일월은 조롱 속의 새요, 건곤은 물 위에 뜬 마름이다'라고 하였다.

세상일 중에 읍손과 정주보다 더 큰 일은 없다.

그런데 소강절은 이렇게 말했다.

'당우唐虞의 읍손은 석 잔 술이요, 탕무湯武의 정주는 한 판의 바둑이다.'

이렇게 사람이 능히 큰마음과 안목을 갖추어

육합六合(우주)을 삼켰다가 뱉고, 천고千古를 오르내린다면,

일을 당했을 때 너른 바다에 거품이 생기는 것과 같고,

일이 지나가는 것도 큰 하늘에 그림자가 없어지는 것과 같아서,

스스로 경륜이 만 번 변해도 먼지 한 점 나지 않는다.

物莫大於天地日月
물 막 대 어 천 지 일 월

而子美云 日月籠中鳥 乾坤水上萍
이 자 미 운 일 월 농 중 조 건 곤 수 상 평

事莫大於揖遜征誅
사 막 대 어 읍 손 정 주

而康節云 唐虞揖遜三杯酒 湯武征誅一局棋
이 강 절 운 당 우 읍 손 삼 배 주 탕 무 정 주 일 국 기

人能以此胸襟眼界 呑吐六合 上下千古
인 능 이 차 흉 금 안 계 탄 토 육 합 상 하 천 고

事來如漚生大海 事去如影滅長空
사 래 여 구 생 대 해 사 거 여 영 멸 장 공

自經綸萬變 而不動一塵矣
자 경 륜 만 변 이 부 동 일 진 의

籠 조롱, 새장 ┃ **乾坤** 하늘과 땅 ┃ **萍** 부평초(개구리밥) ┃ **呑** 삼키다 ┃ **漚** 거품

세상에 물건이 아무리 많아도 하늘, 땅, 해, 달보다 더 큰 것은 없다. 그런데 당나라 두보는 '일월은 조롱 속의 새요, 건곤은 물 위에 뜬 마름(한 포기의 부평초)과 같다'고 했다. 남의 눈으로 보면 천지와 일월이 매우 커 보이지만, 두보의 눈에는 해와 달이 끝없는 우주 사이를 왕래하는 것이 마치 조롱 속에 있는 조그만 새처럼 보이고, 하늘과 땅이 넓고 넓은 태허太虛 사이를 회전하는 것이 마치 물 위의 부평초처럼 보였던 것이다.

또 사람이 하는 일 중에 천자의 자리를 서로 양보하는 일과 남의 나라를 정벌하고 남을 죽이는 것보다 더 큰 일이 없는데 송나라의 소옹은 '요순堯舜이 나라를 양보한 일은 석 잔 술을 권하는 것과 같고, 탕무湯武가 남의 임금을 죽인 것은 한 판의 바둑을 둔 것과 같다'고 했다. 여기에서 '당우의 읍손'이라 함은 요 임금이 순 임금에게 천하를 양보하고, 순 임금이 우 임금에게 천하를 양보한 일을 말한다. '탕무湯武의 정주征誅'는 탕왕이 걸을 내쫓고, 무왕이 주나라를 정벌한 것을 말한다.

범인의 생각으로 헤아리면 읍손과 정주가 매우 중대해 보이지만, 소강절에게는 요순이 나라를 양보한 일은 석 잔 술을 서로 권하는 것과 같고, 탕왕과 무왕이 걸나라와 주나라를 무너뜨린 것은 한 판의 바둑을

둔 것처럼 보인 것이다.

사람이 능히 이렇게 넓은 도량과 통달한 눈으로 상하 공간空間을 삼켰다 뱉고 천고의 시간을 오르내려서 조금도 구애됨이 없으면, 일이 닥쳐온다 해도 마치 큰 바다에 물거품이 생기는 것과 같이 대수롭지 않고 일이 지나가는 것은 마치 빈 그림자가 높은 하늘에서 사라지는 것과 같아서 사물이 오고 가도 조금도 관계되는 것이 없으며, 천하를 다스리는 것이 천만 가지로 변해도 그 본성은 조금도 흔들리지 않는 것이다.

2 어떤 상황에서도 변하지 않는 마음

한 몸 의지하고 세상을 살아감에
그 형편에 따라 변하지 않아야 한다.
센 불이 쇠를 녹일지라도 맑은 바람이 시원하게 불며
된서리가 생물을 죽게 해도 화기和氣가 따뜻하고
흐린 흙비가 하늘을 가려도 밝은 해가 빛나고
큰 파도가 바다를 기울여도 몸이 흔들리지 않으면
마침내 우주적인 참다운 인품이라 할 것이다.

持身涉世 不可隨境而遷
지 신 섭 세　불 가 수 경 이 천

須是大火流金 而淸風穆然 嚴霜殺物 而和氣藹然
수 시 대 화 유 금　이 청 풍 목 연　엄 상 살 물　이 화 기 애 연

陰霾翳空 而慧日朗然 洪濤倒海 而砥柱屹然
음 매 예 공 이 혜 일 낭 연 홍 도 도 해 이 지 주 흘 연

方是宇宙的眞人品
방 시 우 주 적 진 인 품

한자풀이   霾 흙비 │ 翳 가리다 │ 濤 큰 물결

자기 한 몸 의지하고 세상을 살아갈 때 상황에 따라 그 마음이 변해
서는 안 된다. 뜨거운 불이 쇠와 돌을 녹여 내리듯이, 괴로운 일을 당해
도 맑은 바람 같은 냉담한 마음을 가져야 한다. 가을철의 된서리가 만
물을 시들게 하는 것처럼 쓸쓸한 지경에 처해도, 부드러운 봄기운 같이
따뜻하고 평화로운 기상을 가져야 하는 것이다.

음울한 흙비가 하늘을 덮는 것처럼 먼지 자욱한 속에서도 밝은 지혜
가 태양처럼 빛나야 한다. 큰 파도가 바다를 기울이는 것과 같이 위험
한 사태가 세상을 뒤집어도, 천지를 받쳐주는 산처럼 견고한 뜻이 움직
이지 않아야 한다. 이것이 어떤 상황에서도 변하지 않는 우주적인 참다
운 인품이라 할 것이다.

3   시대의 흐름을 억지로 거스르지 말라

인격을 만드는 데에는 세속을 떠나도록 할 것이다.
그러나 하나라도 세속을 고치려는 마음을 두어서는 안 된다.
일에 대응해서는 시대의 조류를 따라야 할 것이다.
하지만 한 치도 시세에 아부하여 따르는 마음을 가져서는 안 된다.

作人 要脫俗 不可存一矯俗之心
작 인   요 탈 속   불 가 존 일 교 속 지 심
應事 要隨時 不可起一趨時之念
응 사   요 수 시   불 가 기 일 추 시 지 념

인격을 이루려면 속세의 정을 벗어나 세속에 물들지 않아야 한다. 그러나 시대의 흐름을 억지로 거스르는 것은 옳지 못하다. 만일 역행하여 무엇을 바꾸려 하면, 별나고 괴상한 모양이 되어 남의 미움을 받게 될 것이다.

또 어떤 일에 대응할 때에는 시대의 정의에 따라 원만한 대응을 해야 할 것이다. 그러나 시대의 흐름에 아부하는 마음을 가져서는 안 된다. 시류를 좇다 보면 아첨하는 태도가 생겨서 비루하다는 비난을 받게 된다.

4   남을 비방하는 사람과 비방을 받는 사람

남을 비방하는 것은 좋지 않다.

그러나 남의 비방을 받는 자는

그 한 번의 비방으로 문득 자신을 한 번 더 수양하고 반성하여

나쁜 일을 하지 않고 더 좋은 일을 할 수가 있다.

또 남을 속이는 사람은 복을 받지 못한다.

그러나 남에게 속은 사람은

한 번 속게 될 때마다 다시 한 번 자신의 도량을 키워서

화를 변화시켜 복으로 만들 것이다.

毁人者不美 而受人毁者遭一番訕謗
훼 인 자 불 미   이 수 인 훼 자 조 일 번 산 방

便加一番修省 可以釋惡 而增美
편 가 일 번 수 성   가 이 석 악   이 증 미

欺人者非福 而受人欺者遇一番橫逆
기 인 자 비 복   이 수 인 기 자 우 일 번 횡 역

便長一番器宇 可以轉禍 而爲福
편 장 일 번 기 우   가 이 전 화   이 위 복

한자풀이 毁 상처를 입히다 | 訕謗 헐뜯다 | 器宇 기량 |
　　　　 轉禍爲福 화가 바뀌어 도리어 복이 된다

　남을 비방하는 것은 좋지 않으나, 비방을 들은 사람이 그때마다 자신
을 깨우치고 격려하여 모든 일에 조심하고 마음을 살펴서 점차 잘못을

줄인다면 이로써 과거의 잘못을 버리고 반성해서 얻은 선행善行을 더욱
실천하게 될 것이다.

　또 남을 속이는 사람은 복을 받지 못한다. 하지만 남에게 한 번 속은
사람이 그때마다 자신의 마음을 굳세게 다지고 단련하여 넓고 큰 도량
과 청아한 심지心志를 기르게 되면 이로써 전화위복轉禍爲福이 되는 것
이다.

5　하늘은 복을 내릴 때
　　반드시 먼저 화를 주어 경계하게 한다

하늘이 사람에게 화를 내릴 때
반드시 먼저 조그만 복을 주어 마음을 교만하게 한다.
그러므로 복이 찾아왔을 때 반드시 기뻐하지 말고
그 복을 헤아려 순종하도록 한다.
또 하늘이 사람에게 복을 내릴 때
반드시 먼저 조그만 화를 주어 경계하게 한다.
그러므로 화가 온다고 반드시 슬퍼할 것이 아니라
그 화를 살펴 자신을 구제할 마음을 가져야 한다.

天欲禍人 必先以微福驕之
천 욕 화 인　필 선 이 미 복 교 지

所以福來 不必喜 要看他會受
소 이 복 래　불 필 희　요 간 타 회 수

天欲福人 必先以微禍儆之
천 욕 복 인　필 선 이 미 화 경 지

所以禍來 不必憂 要看他會救
소 이 화 래　불 필 우　요 간 타 회 구

한자풀이　儆 경계하다

하늘天이란 만물 위에서 특별히 만물을 안배按排하는 기능을 하는 주
재자主宰者를 가리키는 말이다. 그 주재자가 사람에게 큰 화를 내리려
할 때, 반드시 먼저 조그만 복을 내려 교만함에 이르게 한다. 그리고 그
교만한 마음으로 나쁜 짓을 거리낌 없이 행하면 반드시 상상할 수 없는
큰 화를 입게 한다. 그러므로 현재 복이 온다고 해서 기뻐하지 말고 그
복을 잘 헤아려 따른다.

또 하늘이 큰 복을 내릴 때는, 반드시 먼저 경미한 화를 주어서 그 마
음을 깨우쳐준다. 그 마음을 깨우쳐서 근신하고 조심하면 반드시 원만
하고 참된 복을 누릴 수 있을 것이다. 그러므로 현재 불행에 빠져있다
고 해서 슬퍼하지 말고 그 불행을 잘 헤아려 조심스럽게 자신을 구제해
야 한다.

6   인품은 언제나 솔직하고 깨끗해야 한다

사람이 되려면 다만 한결같이 솔직해야 한다.
솔직하면 그 행적이 비록 숨어있어도 오히려 드러난다.
마음을 닦을 때 만일 조금이라도 깨끗하지 못함이 있으면
하는 일이 아무리 공정하다 해도 역시 사사로울 것이다.

作人 只是一味率眞 蹤跡雖隱還顯
작인 지시일미솔진 종적수은환현

存心 若有半毫未淨 事爲雖公亦私
존심 약유반호미정 사위수공역사

한자풀이 蹤跡 자취 | 雖 비록

   인품이란 언제나 한결같고 솔직하며 거짓이 없어야 한다. 거짓이 없
으면 언제나 공명정대하여 세상 사람이 알아본다. 그러한 인품은 아무
리 깊은 산골에 숨어있다 할지라도, 그 덕망이 도리어 세상에 널리 드
러나게 된다.
   또 마음을 수양할 때 만일 조금이라도 깨끗하지 못하여 잡된 욕망이
있으면 비록 공정하게 일을 행해도 역시 사사로운 감정이 있기 마련이
다. 그러므로 인품은 솔직해야 하며, 마음속은 청정淸淨함을 가져야 할
것이다.

7 　 빈천한 자의 교만과 영웅의 속임수

빈천한 사람이 교만한 것은

비록 헛된 교만기가 있어도

도리어 조금쯤은 의협심이 있다.

영웅이 세상을 속이는 것은

비록 제 소신대로 휘두르는 것처럼 보이나

반점半點의 진심도 없는 것이다.

貧賤驕人 雖涉虛憍 還有幾分俠氣
빈 천 교 인　수 섭 허 교　환 유 기 분 협 기

英雄欺世 縱似揮霍 全沒半點眞心
영 웅 기 세　종 사 휘 곽　전 몰 반 점 진 심

한자풀이　**驕** 잘난 체 하다 ｜ **揮** 휘두르다 ｜ **霍** 빠르다

빈천한 자가 우쭐하여 남에게 교만하게 행동할 때가 있다. 이것은 비록 아무 능력도 없는 허세에 지나지 않지만, 오히려 조금은 의협심이 있는 것이어서 아첨하거나 비열한 태도는 보이지 않는다.

그러나 영웅이 재능을 드높여 한 세상을 속일 때는, 비록 자기 소신대로 휘두르는 것 같지만 조금도 진심이 없어 결국에는 원숙한 미덕이 손상된다.

〈3〉평의　99

배움이란 무엇인가

달인은 금서琴書와 시화詩畵로 성령性靈을 기르지만
용부庸夫는 무릇 그 형상만을 즐긴다.
산천山川과 운물雲物에서
인품이 높은 사람은 학식을 넓히지만
속물은 한갓 그 경치만 구경할 따름이다.
사물에는 정해진 품과 격이 있는 것이 아니고
보고 배움에 따라 높아지기도 하고 낮아지기도 한다.
글을 읽고 이치를 깨닫고자 한다면
먼저 그 아름다움과 멋을 알아야 한다.

琴書詩畵 達士以之養性靈 而庸夫徒賞其跡像
금 서 시 화　달 사 이 지 양 성 령　이 용 부 도 상 기 적 상

山川雲物 高人以之助學識 而俗子徒玩其光華
산 천 운 물　고 인 이 지 조 학 식　이 속 자 도 완 기 광 화

可見事物無定品 隨人識見 以爲高下
가 견 사 물 무 정 품　수 인 식 견　이 위 고 하

故讀書窮理 要以識趣爲先
고 독 서 궁 리　요 이 식 취 위 선

한자풀이 　琴 거문고 ｜ 庸夫 평범한 사람 ｜ 玩 희롱하다

거문고와 책, 시와 그림은 모두 우아하고 한적한 정취가 있다. 마음
이 풍부한 선비는 그 정취를 터득하여 자신의 정신과 영혼을 함양한다.

그러나 용렬한 자는 한갓 그 소리나 모양만을 좋아할 뿐이다.

산과 강 그리고 자연의 경치는 모두 기이하고 오묘한 이치를 나타낸다. 재주와 지혜가 고상한 사람은 그 이치를 보고 자신의 학문과 지식을 넓히지만, 속물은 한갓 그 경치만을 즐긴다.

거문고, 책, 시, 그림을 똑같이 접해도 달인은 정신과 영혼을 가꾸어 수양의 도구로 삼지만, 평범한 사람은 오직 그 형체만을 좋아하여 유희로 여길 뿐이다. 산, 강, 자연의 경치도 누구에게나 똑같은 풍경인데, 고사高士는 이것을 배움으로 삼고 자연의 교과서로 여긴다. 그러나 속물은 오로지 그 풍경만을 좋아하여 아무 생각 없이 바라보기만 한다.

즉 사물의 품격이 일정한 것이 아니고, 다만 사람의 식견에 따라 높고 낮음의 차이가 생기는 것이다. 그러므로 글을 읽고 이치를 깨닫고자 할 때, 참다운 아름다움과 멋을 가장 우선적으로 체득하는 것이 공부인 것이다.

젊은이는 경박함을 조심하고
노인은 욕심을 조심하라

젊은 사람은 모든 일에 마음을 다해야 한다.
그런데 반대로 생각이 가벼우면
한갓 들뜬 물속의 오리와 같을 뿐이니
어찌 하늘을 향해 날개를 펼칠 수 있겠는가?
나이 든 사람은 모든 일에 마땅히 욕심을 잊어야 한다.
그런데 생각이 도리어 무거우면
끌채 밑에 매어놓은 하찮은 망아지가 될 뿐이니
어찌 매인 몸을 벗어날 수 있겠는가?

少壯者 當事事用意 而意反輕
소 장 자　당 사 사 용 의　이 의 반 경

徒汎汎作水中鳧而已 何以振雲霄之翮
도 범 범 작 수 중 부 이 이　하 이 진 운 소 지 핵

衰老者 事事宜忘情 而情反重
쇠 로 자　사 사 의 망 정　이 정 반 중

徒碌碌爲轅下駒而已 何以脫韁鎖之身
도 녹 록 위 원 하 구 이 이　하 이 탈 강 쇄 지 신

> **한자풀이**　鳧 오리 | 霄 진눈깨비 | 翮 깃촉 | 轅 끌채(수레 양쪽에 대는 긴 채) | 韁 고삐

　젊고 기운이 센 젊은이라면 어떤 일에서도 용맹하게 앞으로 나아가
뜻을 펼쳐야 한다. 그러나 의지가 경박해서 그럭저럭 세월을 보낸다면,

그저 물속을 떠다니는 오리처럼 세상의 흐름에 따라 나아가고 물러갈 뿐이니 어떻게 날개를 펼치고 구름 위로 날아가는 큰 새처럼 원대한 일을 이룰 수 있겠는가?

또 기운이 쇠하고 나이가 많은 사람은 모든 일에 마땅히 정욕을 끊어야 한다. 그런데 오히려 정욕이 두터워지면, 굴레에 매여 소금 수레를 끄는 허약한 망아지와 같으니 어떻게 세속에서 벗어나 자유를 얻을 수 있겠는가?

10 작은 것 아래 또 작은 것이 있고 큰 것 위에 또 큰 것이 있다

학이 닭의 무리 속에 있으면 초연하여 맞설 자가 없을 것이다.
그러나 나아가 큰 바다 위의 붕새 옆에서는 아득히 스스로 작아질 것이며
더 나아가 드넓은 하늘의 봉황 앞에서는 너무 높아 따르지 못할 것이다.
그러므로 덕이 높은 사람은 항상 없는 듯, 마음을 비운 듯,
자기의 높은 덕을 자만하지 않는 것이다.

鶴立鷄群 可謂超然無侶矣
학 립 계 군 가 위 초 연 무 려 의

然進而觀於大海之鵬 則渺然自小
연 진 이 관 어 대 해 지 붕 즉 묘 연 자 소

又進而求之九霄之鳳 則巍乎莫及
우 진 이 구 지 구 소 지 구 소 지 봉　즉 외 호 막 급

所以至人常若無若虛 而盛德多不矜不伐也
소 이 지 인 상 약 무 약 허　이 성 덕 다 불 긍 불 벌 야

학이 닭 무리와 있을 때는 긴 목과 높은 정수리가 초연히 홀로 커서 아무도 맞설 자가 없을 것이다. 그러나 큰 바다로 나가 붕새와 비교하면, 저절로 작아져서 감히 맞설 수 없다.《장자莊子》에 보면 '북해에 물고기가 한 마리 있는데 이름은 곤鯤이다. 이 물고기의 등은 몇천 리인지 알 수가 없다. 이 물고기가 새로 변하는데 이름이 붕鵬이다. 이 새의 크기가 또 몇천 리인지 알 수가 없다'고 했는데, 이것이 바로 붕새이다.

학이 하늘 위로 날아가 봉황 옆에 서면 너무 높아 도저히 따를 수가 없다. 이와 같이 사람의 일에도 작은 것 아래 또 다른 작은 것이 있고, 큰 것 위에 또 큰 것이 있다. 따라서 아무리 학식이 많고 재주와 덕행 뛰어나도 스스로 잘난 체하거나 거만하지 말 것이다.

그러므로 도道가 지극한 사람은 자랑함이 없고 마음을 완전히 비운 듯하여 자아를 잊는 경지에 이른다. 또 덕이 많은 선비는 공을 자랑하지 않고 자기의 능력을 내세우지 않아서 스스로 자만하는 마음이 없는 것이다.

11 화와 복에는 반드시 원인이 있다

나비가 불 옆에서 날개를 치면 불은 나비를 태운다.
그러니 화가 생기는 것에 근원이 없다 할 수 없다.
열매에서 꽃이 피고 꽃이 피면 열매가 맺는다.
그러니 복이 오는 것에 원인이 있음을 알 수 있다.

蛾撲火 火焦蛾 莫謂禍生無本
아 박 화　화 초 아　막 위 화 생 무 본

果種花 花結果 須知福至有因
과 종 화　화 결 과　수 지 복 지 유 인

한자풀이 蛾 나방 ┃ 撲 치다, 때리다

　나비가 등잔불 옆에서 날개를 치고 날아들면, 등잔불은 나비를 태워
죽게 한다. 나비가 타 죽게 되는 화를 스스로 일으킨 것이다. 그러므로
모든 불행에는 원인이 있다. 사람이 화를 입게 되는 것은, 스스로 악한
일을 행함으로써 그런 결과를 불러일으킨 것이다.
　또 열매의 씨를 심으면 꽃을 피우고 꽃에서 열매가 맺는다. 이것은
열매를 맺게 하는 복이 씨를 심은 원인에서 생기는 것이다. 행복이 오
는 것도 반드시 원인이 있다는 것을 알 수 있다. 그러므로 사람의 행복
도 착한 일을 행함으로써 그 결과로 얻게 되는 것이다.

12 　모든 사물을 한결같이 피하라

가을벌레와 봄철의 새는 모두 화창한 하늘의 조화인데
어찌해서 부질없이 슬픈 마음과 기쁜 마음을 가지는가?
또 늙은 나무나 새로 핀 꽃은 다 마찬가지로 살아갈 뜻을 품고 있는데
어찌하여 주책없이 싫어하고 예뻐할 까닭이 있는가?

秋蟲春鳥 共暢天機 何必浪生悲喜
추 충 춘 조 　공 창 천 기 　하 필 낭 생 비 희

老樹新花 同含生意 胡爲妄別媸姸
노 수 신 화 　동 함 생 의 　호 위 망 별 치 연

한자풀이 　媸 추하다 ｜ 姸 곱다, 아름답다

　가을벌레의 울음소리와 봄 새의 지저귐은 모두 자연의 조화로움을
빛나게 하는 것들이다. 그런데 가을벌레의 울음소리를 들으면 슬프고
봄 새가 지저귀는 소리를 들으면 기쁘다. 똑같은 자연의 조화인데 어찌
해서 슬프고 기쁜 뜻을 나타내는 것일까?

　또 늙은 나무의 쓸쓸함과 새로 핀 꽃의 예쁜 모습은 다 함께 살려는
뜻을 품고 있는 것인데, 늙은 나무를 보면 싫어지고 새로 핀 꽃을 보면
좋아진다. 살아있음은 똑같은 것인데 어떻게 좋아하고 싫어할 수 있단
말인가?

　그러므로 달인은 모든 사물을 일정하게 관찰하고 평등하게 대한다.

만 가지가 모두 하나이다

만 가지 경지境地는 다 똑같은 것이므로
원래 막히고 트임에 차이가 없다.
만 가지 물건도 다 똑같은 것이므로
원래 이것저것 구분이 있을 수 없다.
그런데 세상 사람들은 이 유일한 진리를 모르고 헛된 것을 따르며
평탄하게 놓여있는 길을 향하다 스스로 험한 길로 들어가
빈 골짜기를 따라 하나의 울타리를 만드니 참으로 안타까운 일이다.

萬境一轍 原無地着箇窮通
만 경 일 철　원 무 지 착 개 궁 통

萬物一體 原無處分箇彼我
만 물 일 체　원 무 처 분 개 피 아

世人 迷眞逐妄 乃向坦途上 自設一坎坷
세 인　미 진 축 망　내 향 탄 도 상　자 설 일 감 가

從空洞中 自築一藩籬 良足慨哉
종 공 동 중　자 축 일 번 리　양 족 개 재

한자풀이 轍 바큇자국 | 坦 평탄하다 | 坷 평탄하지 않다 | 藩 덮다 | 籬 울타리

　만 가지 경지가 각각 달라 혼란스러워 보이지만, 궁극적으로는 하나의 수레바퀴이다. 그래서 이치에 이르지 못한 것이나 통달한 것이나 차이가 없다. 만 가지 물건은 저마다 다르지만 본래는 한 몸이다. '저것은 남이고 이것은 나다'라는 구별이 있을 수 없다.

그런데 세상 사람들은 이 유일무이한 진리를 깨닫지 못하고 나누고 구별함을 추종하여, 한 수레바퀴로 가는 평탄한 길 위에 험한 구덩이를 만들고, 똑같이 텅 빈 골짜기 안에서 남과 나를 가르는 울타리를 만들고 있다. 참으로 안타까운 일이다.

14 조급하게 굴지 말라

큰 충렬이나 원대한 계략은 항상
성급하게 굴지 않는 침착한 선비에게서 나오는 것이니
반드시 바쁘게 날뛸 것이 없다.
상서로운 징조나 아름다운 복은
매우 관후寬厚한 집에 모여드는 것이니
어찌 가혹하게 일을 처리하겠는가?

大烈鴻猷 常出悠閑鎭定之士 不必忙忙
대 열 홍 유　상 출 유 한 진 정 지 사　불 필 망 망

休徵景福 多集寬洪長厚之家 何須瑣瑣
휴 징 경 복　다 집 관 홍 장 후 지 가　하 수 쇄 쇄

한자풀이 徵 부르다 ｜ 瑣 자질구레하다

108

사람의 됨됨이가 성급하지 않고 마음이 진정한 선비는, 아무리 혼란스러운 일을 당해도 당황하거나 헤매지 않고 조용히 처리하기 때문에 위대한 충렬과 원대한 지략을 이루어낼 수 있다. 그러니 바쁘고 조급하게 굴어서 한가롭고 진정된 마음을 잃게 되면 안 된다. 만일 분망하고 조급해지면 깊은 생각과 원대한 계획을 세울 수 없다.

또 도량이 넓고 품성이 온후한 집은, 잘못을 해도 남을 용서하고 위급한 일도 구제해주어 자선을 널리 행함으로써 집안에 화기가 가득 차 있다. 그래서 상서로운 징조와 큰 복이 찾아드는 것이다. 그러니 번거롭고 조급하게 굴 까닭이 어디 있겠는가?

마음이 좁고 번거로운 자는 미움과 원망이 앞다투어 일어나 상서로움과 복이 따르지 않는 것이다.

15 번잡한 곳에서 하는 공부가 진짜 공부다

가난한 선비가 남 돕기를 즐기면
곧 타고난 품성의 은혜와 덕이며
번잡한 곳에서 도를 닦을 수 있다면
마음의 바탕을 이루는 공부가 된다.

貧士肯濟人　纔是性天中惠澤
빈 사 긍 제 인　재 시 성 천 중 혜 택

鬧場能學道　方爲心地上工夫
요 장 능 학 도　방 위 심 지 상 공 부

세력이 있는 부자가 남을 도와주는 것은 분명 이로운 일이다. 그러나 이것은 재물에 여유가 있어서 남을 도와주는 것이다. 가난한 선비가 남을 돕는 것은 정말 재물의 여유가 있어서가 아니다. 그것은 오로지 어진 천성에서 나오는 은혜와 덕이다.

또 고요한 곳에서 도를 닦으면 공부가 아닌 것은 아니다. 하지만 이것은 외부 환경의 도움으로 도를 배우는 것이다. 시끄러운 곳에서 도를 닦는 것은 외부 환경의 도움을 받지 않고 오로지 한결같은 마음으로 하는 공부인 것이다.

16 욕심을 경계하라

인생이 다만 욕欲이라는 글자에 구속되면
어느덧 소와 말처럼 구속 아래 놓이고
매가 되고 개가 되어 채찍질하는 대로 따른다.
만일 한결같이 마음이 맑고 밝아서 담담하게 욕심이 없으면
천지도 나를 움직이지 못하고 귀신도 나를 부리지 못할 것이니
하물며 일체의 구구한 사물들이 어떻게 하겠는가?

人生只爲欲字所累 便如馬如牛 聽人羈絡
인 생 지 위 욕 자 소 루 편 여 마 여 우 청 인 기 락

爲鷹爲犬 任物鞭笞
위 응 위 견 임 물 편 태

若果一念淸明 淡然無欲
약 과 일 념 청 명 담 연 무 욕

天地也不能轉動我 鬼神也不能役使我
천 지 야 불 능 전 동 아 귀 신 야 불 능 역 사 아

況一切區區事物乎
황 일 체 구 구 사 물 호

한자풀이 鞭 채찍질하다 | 笞 태형 | 况 = 況 하물며

소나 말 같은 동물은 먹이를 주는 자가 시키는 대로 열심히 일을 한
다. 매와 개도 먹이를 주는 사냥꾼의 채찍질에 따라 움직인다. 인생도
이와 같다. 오로지 욕심 욕欲자에 얽매여 소와 말처럼 구속을 받으면,

자유를 상실하고 매와 개처럼 매질을 당하는 굴욕을 참아야 하는 것이다. 그러니 욕심이란 것의 피해가 얼마나 참담한가?

만일 마음이 맑고 밝아서 유연悠然하여 탐내는 것이 없으면, 천지도 나를 움직이지 못할 것이며 귀신도 나를 부리지 못할 것이다. 그러므로 그 밖의 사소한 사물들이 어떻게 나를 구속하고 나를 매질할 수 있겠는가?

17   군자는 역경을 즐길 줄 안다

보통 사람은 순탄한 환경을 즐거움으로 삼지만
군자의 즐거움은 역경 속에서 드러난다.
보통 사람은 뜻이 거슬리는 것을 근심으로 여기나
군자의 근심은 뜻이 쾌할 때에 생긴다.
대개 보통 사람은 근심과 즐거움을 감정으로 느끼지만
군자는 근심과 즐거움을 이치로 느낀다.

衆人以順境爲樂 而君子樂自逆境中來
중 인 이 순 경 위 락   이 군 자 락 자 역 경 중 래

衆人以拂意爲憂 而君子憂從快意處起
중 인 이 불 의 위 우   이 군 자 우 종 쾌 의 처 기

蓋衆人憂樂以情 而君子憂樂以理也
개 중 인 우 락 이 정   이 군 자 우 락 이 리 아

한자풀이 拂 떨치다, 먼지 따위를 털다

평범한 사람은 일마다 뜻대로 순조롭게 되는 것을 즐거워한다. 하지만 군자는 이와 반대로 여의치 못한 역경도 즐길 줄을 안다. 예를 들면 어리석은 임금은 자신의 명령을 모두 잘 시행하고 자신의 뜻을 조금도 거역하지 않는 아첨하는 신하를 좋아하지만, 성군聖君은 바른말을 하고 잘못된 의견이라면 임금 앞에서도 반대하는 충직한 신하를 좋아하는 것이 바로 이것이다.

또 평범한 사람들은 일이 제 맘대로 되지 않는 것을 걱정하지만, 군자는 도리어 일이 즐겁게 되어갈 때 마음속으로 근심을 한다. 평범한 사람은 게을리 놀고 즐기는 것을 즐거워하여 나쁜 일을 말리며 충고하는 유익한 친구를 꺼리지만, 덕행을 닦는 군자는 충고하는 말을 좋아하고 아첨하며 기쁨을 주는 무리를 근심한다.

그러므로 보통 사람의 근심과 즐거움은 사사로운 감정에서 나오는 것이며, 군자의 근심과 즐거움은 공평한 이치에서 생기기 때문에 그 경지가 완전히 다르다.

〈4〉 한적(閑適)

한적은 경지境地의 구별이 있다. 한적한 풍경이란 사람들이 모여 사는 시끄러운 곳에서 멀리 떨어진 산과 숲 속의 자연을 말한다. 그러나 한적한 마음이란 경지의 여하를 막론하고, 혹은 병마兵馬가 들끓는 혼란 가운데에서도, 마음 깊은 곳에 한 가닥의 한가한 취미를 얻어서 조금도 번뇌가 없음을 말한다. 이렇듯 한적은 스스로 깨달음을 얻은 힘에 따라서 달라진다.

그러나 사람이 세상살이에서 어떤 일을 행할 때 한적한 아름다움과 멋을 갖지 못하면 항상 사물에 끌려다니며 번뇌에서 벗어나지 못하는 괴로운 생활을 하게 될 뿐이다. 그렇게 되면 어떻게 만사를 경륜하는 힘찬 걸음걸이를 할 수 있으며, 티끌 하나 물들지 않는 커다란 즐거움을 얻을 수 있겠는가?

1 기르는 용은 참 용이 아니고
   잡힌 범은 참 범이 아니다

기르는 용은 참 용이 아니고 잡힌 범은 참 범이 아니다.

그러므로 벼슬과 녹봉은 출세하려는 무리를 낚을 수는 있어도

담담하여 욕심이 없는 사람을 가둘 수는 없다.

극형은 이욕利欲을 노리는 자에게 가해질 수 있어도

표연히 떠날 수 있는 선비는 어찌할 수 없다.

龍可豢 非眞龍 虎可搏 非眞虎
용 가 환　비 진 룡　호 가 박　비 진 호

故　爵祿可餌榮進之輩　必不可籠淡然無欲之人
고　작 록 가 이 영 진 지 배　필 불 가 농 담 연 무 욕 지 인

鼎鑊可及寵利之流　必不可加飄然遠引之士
정 확 가 급 총 리 지 류　필 불 가 가 표 연 원 인 지 사

한자풀이　豢 기르다 | 爵 벼슬 | 祿 녹봉 | 鼎鑊 솥이나 가마에 삶아 죽이던 형벌 |
　　　　　寵 사랑하다

　기를 수 있는 용은 진짜 용이 아니다. 진짜 용은 사람에 의해 길러지지 않기 때문이다. 잡히는 호랑이는 진짜 호랑이가 아니다. 진짜 호랑이는 사람의 구속을 받지 않기 때문이다. 사람도 같다. 벼슬자리를 탐내면 참다운 사람이 아니요, 큰 솥에 들어가는 화에 처해진다면 통달한 선비가 아니다. '큰 솥에 들어가는 화'란 옛날에 죄인을 큰 솥에 넣어 삶

116

아 죽이던 극형을 말한다.

그러므로 벼슬이란 출세를 바라는 무리를 붙잡아둘 수는 있어도, 담담하여 욕심이 없는 사람을 휘어잡을 수는 없다. 출세하려는 무리는 탐욕이 강해서 오직 제 몸에 이로운 것만을 헤아려 결정한다. 그런 사람은 마치 미끼로 물고기를 낚는 것처럼 벼슬이라는 미끼로 그 마음을 매수하여 부도덕하고 파렴치한 곳으로 몰아넣어도 반성할 줄 모른다.

그러나 담담하여 욕심이 없는 사람은 벼슬을 뜬구름처럼 생각한다. 그리고 높은 절개와 맑은 지조를 지키니 어떻게 구구한 벼슬에 마음을 빼앗기겠는가?

또 가마나 솥에 넣는 극형은 이욕을 도모하는 무리에게 가해지지만, 표연히 떠나 있는 선비에게는 가해지지 못한다. 이욕만을 탐하는 무리는 의리를 배반하고 욕심을 좇아서 질투와 경쟁 속에서 격렬한 참극을 만들어내 간혹 극형에 처해질 수 있다. 그러나 세상의 이욕을 표연히 떠날 수 있는 선비가 어떻게 극형을 받겠는가?

예로부터 종종 지조 높은 선비나 의인이 극형을 받은 일도 있었다. 그러나 이것은 원리에서 벗어난 뜻밖의 일로서, 원인을 살펴보면 이유를 자세히 알지 못한 채 처리한 경우라 할 수 있다.

학은 아무리 굶주려도 먹을 것을 두고 다투지 않는다

앙장昂藏한 늙은 학은 아무리 굶주려도 식음食飮이 오히려 한가하니
닭이나 집오리처럼 먹을 것을 두고 다투지 않는다.
언건偃蹇한 소나무는 아무리 늙었어도 아름다운 운치를 잃지 않으니
복숭아나 오얏나무꽃들과 아름다움을 비교할 수 있겠는가?

昂藏老鶴 雖饑 飮啄猶閒
앙 장 노 학 수 기 음 탁 유 한

肯同鷄鶩之營營 而競食
긍 동 계 목 지 영 영 이 경 식

偃蹇寒松 縱老 丰標自在
언 건 한 송 종 로 봉 표 자 재

豈似挑李之灼灼 而爭妍
기 사 도 리 지 작 작 이 쟁 연

한자풀이 昂 우러르다 | 饑 굶주리다 | 鶩 집오리 | 丰 예쁘다

앙장昂藏이란 높이 솟아 있으나 오히려 드러나지 않아서, 보통 무리들 속에서 뛰어난 것을 말한다. 이러한 늙은 학은 아무리 배가 고파도 물을 마시고 먹을 때 느긋하다. 그래서 저 조그만 닭이나 집오리 무리처럼 구차스럽게 먹을 것을 찾아 헤매는 것들과는 먹이를 다투지 않는다.

언건偃蹇이란 높이 자라서 굽지 않은 모양이다. 이러한 큰 소나무는 비록 늙었어도 깨끗한 운치가 변하지 않는다. 그래서 복숭아꽃이나 오

얏나무꽃 같이 곱고 화려한 것들과는 아름다움을 다투지 않는다.

사람도 이와 같아서 의지가 활달한 장부나 마음이 곧은 사나이는 구구한 영리를 우습게 여겨 부귀를 구하는 장소에 출입하지 않는다.

3 진정한 아름다움

화류가 난만할 때 즐거워하고
음악과 노랫소리가 높을 때에 흥을 누린다면
이는 조화의 환상이며 방탕한 마음일 뿐이다.
모름지기 나뭇잎이 떨어지고 풀이 말라 죽은 후에
음악 소리도 없고 맛이 담박한 가운데 한 가닥의 소식을 얻으면
이것이 바로 건곤乾坤의 이치이며, 사람의 조종祖宗인 것이다.

吾人適志於花柳爛熳之時 得趣於笙歌騰沸之處
오 인 적 지 어 화 류 난 만 지 시 득 취 어 생 가 등 비 지 처

乃是造化之幻境 人心之蕩念也
내 시 조 화 지 환 경 인 심 지 탕 념 야

須從木落草枯之後 向聲希味淡之中 覓得一些消息
수 종 목 락 초 고 지 후 향 성 희 미 담 지 중 멱 득 일 사 소 식

纔是乾坤的橐籥 人物的根宗
재 시 건 곤 적 탁 약 인 물 적 근 종

한자풀이 花柳 꽃과 버들 | 覓 찾다, 구하다 | 些 적다 | 槖 = 橐 풀무 | 籥 피리 |
消息; 새로이 생기는 사실 | 乾坤 하늘과 땅

꽃이 붉고 버들가지가 푸른 것은 잠깐 동안의 좋은 경치이나 금방 변하며 가을바람을 견디지 못하고 사라진다. 또 피리 소리와 노랫소리는 일시적인 흥취를 돋우어주지만, 그것이 얼마나 오래가겠는가? 이것은 모두 우주 조화造化 속의 헛된 경치에 지나지 않는다.

잠시 동안의 경치, 즉 꽃과 버들이 난만하고 피리 소리와 노랫소리가 무르익는 곳에서 마음을 기쁘게 갖고 흥취를 내면 마음속의 방탕한 생각이 일어나는 것이다.

잠시 지나가는 경치가 아닌, 나뭇잎이 모두 떨어지고 꽃과 풀이 말라버린 후 또는 노랫소리가 사라져서 모든 것이 담박한 가운데에서 참다운 아름다움과 멋을 얻어야만 이것이 바로 사물의 가장 중요한 이치이며 사람의 가장 근본인 것이다.

4 　유한한 육체가 주는 깨달음

무한할 수 없는 육신의 이치를 간파하면
천태만상의 세속 인연이 저절로 없어지고
아무런 회포가 없는 경지에 깨달아 들어가면
일륜의 마음속 달이 홀로 밝아올 것이다.

看破有盡身軀 萬境之塵緣自息
간 파 유 진 신 구 　 만 경 지 진 연 자 식

悟入無懷境界 一輪之心月獨明
오 입 무 회 경 계 　 일 륜 지 심 월 독 명

한자풀이 　軀 몸, 신체 ┃ 悟 깨닫다

　사람의 육체는 언젠가는 죽어 없어지게 마련이다. 이러한 이치를 깨
달으면 육신에 대한 생사고락生死苦樂의 집착이 모두 사라지고, 세상의
모든 인연이 저절로 없어져서 소탈한 인격이 이루어질 것이다.
　또한 깨달음으로 인해서 마음속에 아무런 욕심이 없는 경지에 들어
가면, 일륜一輪의 심월心月 즉 둥근 달과 같은 마음이 홀로 밝아서 어지
러운 망상이 없어질 것이다.

5 청렴하고 검소한 것을 소중히 여겨라

토상土床과 석침石枕으로 사는 서늘한 집에서는
이불을 두르고 있어도 꿈조차 시원하다.
또 보리밥과 콩국의 담담한 맛은
수저를 놓아도 입속이 오히려 향기롭다.

土床石枕冷家風 擁衾時 夢魂亦爽
토 상 석 침 냉 가 풍 옹 금 시 몽 혼 역 상

麥飯豆羹淡滋味 放箸處 齒頰猶香
맥 반 두 갱 담 자 미 방 저 처 치 협 유 향

한자풀이 衾 이불 ┃ 麥 보리 ┃ 羹 국 ┃ 箸 젓가락

흙을 쌓아서 침상을 만들고 돌을 베개로 삼는, 밝고 찬 가풍을 지키
는 자는 이불을 두르고 잔다 해도 맑고 깨끗한 꿈을 꾸어 한 점 욕망도
없을 것이다.

보리밥이나 콩국 같은 담박한 음식을 먹고 사는 사람은, 음식을 끝내
고 수저를 놓은 뒤에도 입속의 향기로 썩은 냄새가 나지 않는다. 그러
니 사람이 어찌 청렴하고 검소한 것을 소중히 여기지 않을 것인가?

6 화려한 것을 잊고 욕심을 내지 않으려면

어지럽고 화려한 것을 싫다고 말하는 자는
혹 이런 것을 보고서 기뻐할 수 있다.
담박한 것을 좋아한다고 말하는 자는
혹 이런 곳에 처하면 염증을 낼 수 있다.
모름지기 번화하고 담박한 것에 대한 생각을 털어내고
기쁘고 싫어하는 마음을 없애야만
비로소 번화한 것을 잊고 담박한 것을 흔쾌히 여길 수 있는 것이다.

談紛華而厭者 或見紛華而喜
담 분 화 이 염 자 혹 견 분 화 이 희

語淡泊而欣者 或處淡泊而厭
어 담 박 이 흔 자 혹 처 담 박 이 염

須掃除濃淡之見 滅却欣厭之情
수 소 제 농 담 지 견 멸 각 흔 염 지 정

纔可以忘紛華 而甘淡泊也
재 가 이 망 분 화 이 감 담 박 야

화려한 것을 싫어한다고 말하는 사람이 오히려 화려한 것을 보고 기뻐하는 경우가 있다. 이것은 화려한 것을 정말로 싫어하는 것이 아니다. 또 욕심이 없다고 말하는 사람이 혹 이러한 경지에 이르면 오히려 염증을 느끼는 경우가 있다. 이것은 정말로 욕심이 없는 것을 좋아하는 것이 아니다.

그러므로 화려한 것이든 욕심이든 털어내고, 기뻐하고 싫어하는 마음을 모두 없애버려야 비로소 화려한 것을 잊고 욕심을 내지 않는 경지를 즐길 수 있는 것이다.

7 부귀영화와 청고의 삶이 죽음에 이르면

평생의 부귀영화는
죽을 때 오히려 한 개의 연戀 자를 더해
무거운 짐을 더해주는 것과 같다.
빈천하게 산 청고淸苦의 삶은
오히려 한 개의 염厭 자를 덜어주어
무거운 쇠사슬에서 벗어나는 것과 같다.
진실로 이러한 상념에 이르면
탐하고 연연戀戀해하는 생각을 돌이켜
사나워진 눈썹을 활짝 펼 수 있는 것이다.

富貴的一世寵榮　到死時　反增了一個戀字　如負重擔
부 귀 적 일 세 총 영　도 사 시　반 증 료 일 개 련 자　여 부 중 담

貧賤的一世淸苦　到死時　反脫了一個厭字　如釋重枷
빈 천 적 일 세 청 고　도 사 시　반 탈 료 일 개 염 자　여 석 중 가

人誠想念到此　當急回貪戀之首　而猛舒愁苦之眉矣
인 성 상 념 도 차　당 급 회 탐 련 지 수　이 맹 서 수 고 지 미 의

최고의 부를 누리는 화려한 삶은 대부분의 사람들이 원하는 것이다. 그러므로 사람들은 부를 갖게 되면 마음껏 욕망을 채운다. 그러나 갑자기 죽음에 이르면 과거의 화려했던 삶이 허무해지고, 그것을 차마 놓지 못해 연연해하여 삶이 더욱 무거워질 뿐이다.

또 맑고 깨끗하지만 가난하고 고통스러운 삶은 세상 사람이 모두 싫어하는 것이다. 그러나 가난함에서 벗어나지 못하고 참으며 살다가 갑자기 죽음에 이르면 그렇게 괴로워했던 삶을 떠날 수 있으니, 그 홀가분함이 마치 무거운 쇠사슬에서 벗어나는 것과 같을 것이다.

부귀영화와 청고(맑고 고결함)의 삶이 죽음에 이르면 좋아하고 싫어했던 마음이 반대로 바뀌게 되는 것이므로, 생각이 여기에 이르면 부귀영화를 탐낼 것도 없고 가난함을 싫어할 것도 없다는 것을 깨달을 것이다.

그러므로 부귀영화를 누리고자 하는 생각을 돌이켜, 인색하게 굴거나 비겁한 일을 행하지 말고 가난함을 근심하던 눈썹을 활짝 펴서 담박한 지조를 지키도록 한다.

8 덧없는 인생

사람의 삶이란

마치 큰 창고 속에 있는 한 알의 쌀과 다름없으며,

눈앞에서 번쩍이는 번갯불 같으며,

벼랑 끝에 매달린 썩은 나무와 같으며,

흘러가는 바다의 큰 물결과 같은 것이다.

이것을 어찌 슬퍼하지 않을 수 있으며,

어찌 즐거워하지 않을 수 있겠는가?

어찌하여 저 마음을 깨치지 못하고

살기를 탐하는 마음을 가지며

어찌하여 저 소중함을 알지 못하고

헛되이 사는 것을 부끄러워하지 않겠는가?

人之有生也　如太倉之粒米
인 지 유 생 야　여 태 창 지 입 미

如灼目之電光　如懸崖之朽木
여 작 목 지 전 광　여 현 애 지 후 목

如逝海之巨波
여 서 해 지 거 파

知此者　如何不悲　如何不樂
지 차 자　여 하 불 비　여 하 불 락

如何看他不破　而懷貪生之慮
여 하 간 타 불 파　이 회 탐 생 지 려

如何看他不重　而貽虛生之羞
여 하 간 타 부 중　이 이 허 생 지 수

한자풀이 懸 매달다 | 朽 썩다 | 懷 품다 | 貽 끼치다

우주 안에서 살고 있는 인간을 보면 아주 작고 약한 존재일 뿐이다. 또한 사는 동안 시간도 얼마나 빠른지 결코 오래 살 수 없다는 것은 누구나 알고 있다. 일곱 자밖에 되지 않는 작은 몸으로 무한한 공간에 존재하는 것은 마치 큰 창고 속의 낟알과도 같다. 또한 백년을 사는 시간은 마치 눈앞을 스쳐가는 번갯불처럼 빠르고, 얼마나 위태롭고 약한지 마치 벼랑에 매달려 있는 썩은 나무와 같으며, 덧없는 삶의 흐름은 바닷속의 파도와 같다.

이렇게 인생이 덧없음을 알게 되면 슬프지 않을 수 없을 것이나, 이같이 무상한 삶 속에서 그래도 살아있음을 생각하면 어찌 즐겁지 않겠는가? 인생의 무상함을 깨닫지 못하고 구구하게 죽음을 피하며 부질없는 삶을 추구한다면, 얼마나 부끄러운 일이겠는가? 또한 무상한 가운데 아직 살아있음을 소중히 여기지 않고, 도덕적인 삶과 위대한 일을 이루어 그 이름을 후세에 남기려 하지 않으며, 아무렇게나 헛되이 살다가 죽는다면 세상에 그보다 부끄러운 일은 없을 것이다.

9 변하지 않는 것은 없다

동해는 일찍이 파도가 일정하지 않다고 하는데
세상사에 관하여 어찌 꼭 팔뚝을 걷어붙이려 하는가?
북망산은 빈 땅이 있음을 보지 못하였으니
인생은 저 스스로 눈썹을 펴고 살아야 하는 것이다.

東海水 曾聞無定波 世事何須扼腕
동 해 수　증 문 무 정 파　세 사 하 수 액 완

北邙山 未省留閒地 人生且自舒眉
북 망 산　미 성 유 한 지　인 생 차 자 서 미

한자풀이 扼 누르다 ｜ 腕 팔 ｜ 北邙山 사람이 죽으면 묻히는 곳을 이르는 말

　동해의 물은 항상 수만의 물결이 출렁거려 파도가 일정하지 않다. 세상사도 이와 같아서 만국의 흥망과 천고의 성쇠가 한없이 변하므로 일시적인 운명이란 없다. 그런데 어찌 세상일을 잠시 이룬 것을 뽐내며, 방자하게 팔뚝을 걷어붙이는 교만을 부리려 하는가?

　북망산北邙山에는 무덤들이 점점이 붙어있어 빈 땅이 없다. 이것은 고금을 통해 죽지 않을 사람이 없다는 것을 알게 해주는 것이다. 사람이 머지않아 죽을 수 있다는 것을 안다면, 살아생전 어떤 일에서든 너무 고통스러워하고 근심할 필요가 없다. 즉 인생은 눈썹을 활짝 펴고 스스로 즐거워해야 하는 것이 마땅하다.

10 바쁜 가운데에서도 한가함을 잃지 말고
모자라는 곳에서도 만족할 줄 알아야 한다

천지도 항상 쉬는 법이 없고
일월도 차고 기울기를 계속한다.
하물며 구구한 인간 세상에서
일마다 원만하고 때마다 편안할 수 있겠는가?
다만 바쁜 가운데에도 한가함을 얻고
모자라는 곳에서도 족함을 알면
곧 자유로움이 나에게 달려있고
일하고 쉬는 것이 맘대로 되어
조물주도 나와 더불어 노고와 안일을 따지지 못하고
차고 기우는 것을 비교하지 못할 것이다.

天地尙無停息 日月且有盈虧
천 지 상 무 정 식   일 월 차 유 영 휴

況區區人世 能事事圓滿 而時時暇逸乎
황 구 구 인 세   능 사 사 원 만   이 시 시 가 일 호

只是向忙裡偸閒 遇缺處知足
지 시 향 망 리 투 한   우 결 처 지 족

則操縱在我 作息自如
즉 조 종 재 아   작 식 자 여

卽造物不得與之論勞逸 較虧盈矣
즉 조 물 부 득 여 지 론 노 일   교 휴 영 의

한자풀이 盈 차다 ㅣ 虧 기울다 ㅣ 偸 훔치다 ㅣ 較 비교하다

하늘과 땅은 항상 돌고 돌면서 잠시도 멈추는 일이 없고, 해와 달은 차고 기울기를 반복하기 때문에 항상 둥글고 밝은 빛을 내는 것은 아니다. 사람이 각각 다른 세상에 살면서 만사 복잡함 가운데에 어떻게 일마다 원만해서 조금도 결함이 없을 것이며, 백 년을 살아가는 동안 어떻게 때마다 편안하여 조금도 분주함이 없기를 바라는가?

다만 분주함 속에서도 한가로움과 안일함을 구하고 부족한 일이 있어도 만족할 수 있으면, 만족하고 부족함이 모두 내 마음속에서 이루어지고 한가롭고 바쁜 것이 자유자재로 조종操縱되어 조물주라 할지라도 나에 대해 노고와 안일을 따지지 못하고 차고 기우는 것을 비교하지 못할 것이니, 모든 일이 내 맘대로 조종되어 한결같을 수 있을 것이다.

11 깨달음은 가까운 곳에 있다

마음의 깨달음은 먼 곳에 있는 것이 아니다.
취미도 많은 곳에서 얻는 것이 아니다.
물동이만 한 연못과 주먹만 한 돌 틈에도
문득 아득한 산천의 형세가 있고
말 한 마디 속에서 천고 성현의 마음을 문득 보게 된다.
이것이 고사高士의 안목이며 달인達人의 마음이다.

會心不在遠 得趣不在多
회 심 부 재 원　득 취 부 재 다

盆池拳石間 便居然有萬里山川之勢
분 지 권 석 간　편 거 연 유 만 리 산 천 지 세

片言隻語內 便宛然見千古聖賢之心
편 언 척 어 내　편 완 연 견 천 고 성 현 지 심

纔是高士的眼界 達人的胸襟
재 시 고 사 적 안 계　달 인 적 흉 금

한자풀이　拳 주먹 ｜ 池 연못 ｜ 胸襟 가슴에 품은 생각

　마음의 깨달음은 먼 곳이 아니라 가까운 곳에 있으며, 아름다움과 멋
도 많은 물건 속에 있는 것이 아니라 작은 일에서 얻을 수 있는 것이다.
물동이만 한 작은 연못과 주먹만 한 돌, 즉 아주 작은 땅에도 아득히 먼
산천의 형세가 깃들어있고, 한 마디의 말 속에서 넉넉히 옛 성현의 마
음을 찾을 수 있다. 이것은 작은 것에서 큰 것을 알고 가까운 것에서 먼
것을 보는 것이니, 이것이 바로 고결한 선비의 안목이며 달관한 사람의
흉금(마음속 깊이 품은 생각)이다.

12 꾸미지 않아도 드러나는 것

평안한 태도와 한가로운 마음은
오직 스스로를 높임으로써 기약하는 것이니
어찌 외모의 수식修飾을 계속할 것인가?
청초한 풍채와 당당한 기골은
남이 봐주기를 원치 않는 것이니
많은 연지를 허비하며 수고할 필요가 없다.

逸態閒情　惟期自尙　何事外修邊幅
일 태 한 정　유 기 자 상　하 사 외 수 변 폭

淸標傲骨　不願人憐　無勞多費胭脂
청 표 오 골　불 원 인 련　무 노 다 비 연 지

한자풀이 惟 오직, 생각하다 | 尙 높이다 | 修 닦다 | 憐 어여삐 여기다

　뛰어난 자태와 한가롭고 청아淸雅한 마음이란 당연하게도 자신을 스스로 높임으로써 만족함에 있다. 그러므로 외모를 다듬어 세상 사람의 마음에 들고자 함은 얼마나 구차한 일인가? 꾸미면 꾸밀수록 오히려 뛰어난 자태와 청아한 마음은 손상되고 졸렬한 사람이 된다.

　청초한 풍채와 고상한 모습이란 누가 예쁘게 봐주기를 원하지 않으니 연지를 허비하여 많이 칠할 필요가 없다. 연지를 많이 칠하여 화장을 하는 것은 장부의 사랑을 구하려는 아녀자의 교태이다. 한순간의 사

랑을 얻기 위해 갖은 방법으로 아첨하고 천 가지 미소를 보이는 졸장부가 오히려 천한 기생보다 지나치게 많은 법이므로, 이들이 바로 세상의 경멸과 비난을 받을 자들이다.

13 봉호에 살며 산옹과 사귀기

봉호蓬戶에 살면
이목耳目은 비록 정체停滯되지만
정신은 저절로 넓어진다.
산옹과 사귀면
예절은 비록 생략되지만
마음만은 항상 참되다.

棲遲蓬戶 耳目雖拘 而神情自曠
서 지 봉 호　이 목 수 구　이 신 정 자 광

結納山翁 儀文雖略 而意念常眞
결 납 산 옹　의 문 수 략　이 의 념 상 진

한자풀이 蓬 쑥 | 山翁 산속에 사는 늙은이

세상을 피해 사는 선비가 쑥대로 지붕을 덮은 초라한 집에서 살면,

비록 눈과 귀가 막혀 수천 리의 불빛과 수만 리의 강물 소리를 듣지 못하지만 정신만은 자연히 넓어져 비단 장막과 화려한 방 안에서 사랑을 속삭이는 것보다 낫다.

또 산중의 순박한 노옹老翁과 사귀는 것은, 비록 예절은 생략되어 읍양揖讓하고(겸손한 태도를 가지고) 문답하는 과정은 없을지라도 생각은 항상 진실해서 교제에 능숙한 아부꾼을 사귀는 것보다 낫다.

---

14 인생을 운명에만 맡기지 말라

만물의 조화를 어린애처럼 여겨서
절대로 희롱당해서는 안 된다.
천지를 커다란 흙덩어리로 여겨서
내 맘대로 노추爐錘에 맡겨야 한다.

造化喚作小兒　切莫受渠戲弄
조 화 환 작 소 아　절 막 수 거 희 롱

天地丸爲大塊　須要任我爐錘
천 지 환 위 대 괴　수 요 임 아 노 추

한자풀이　戲弄 말이나 행동으로 놀리는 것 ｜ 塊 흙덩이

만물을 주재主宰하는 대자연의 이치를 너무 두려워하지 말아야 한다. 그렇다고 마음대로 다룰 수 있는 어린아이처럼 여겨 희롱당하면 절대 안 된다. 또 하늘과 땅만큼 큰일도 지나치게 부담스럽게 대처하지 말고, 조금 큰 흙덩어리로 보고 나의 노추爐錘에 맡겨야 한다. '노추'란 화롯불로 단련하고 망치로 두드려 금속 제품을 만드는 것이다. 곧 소신대로 만든다는 뜻이다.

그러므로 위대한 일을 이루려는 큰 인물이라면 만물의 힘을 얻어서 시대의 흐름을 창조하여, 조금도 외물에 기대지 않고 자력으로 해내는 것이다. 자주성이 없어서 일생의 사업을 오직 운명에만 맡기는 피동적인 사람은 이 글을 보고 깨우쳐야 한다.

〈5〉 개론(槪論)

개론에서는 세상을 살면서 갖게 되는 수많은 욕망과 여러 정황을 살피어, 고통을 주는 일은 잘못을 뉘우치도록 경계하고 행복해질 수 있는 일은 권하는 마음의 수양과 처세를 이야기한다.

1 군자의 마음은 드러내고 재능은 숨겨야 한다

군자의 마음속은 푸른 하늘과 밝은 해처럼 보여
남이 알지 못하게 해서는 안 되며
군자의 뛰어난 재능은 옥을 싸두고 구슬을 감춰둔 것처럼
남이 쉽게 알게 해서는 안 된다.

君子之心事 天靑日白 不可使人不知
군 자 지 심 사   천 청 일 백   불 가 사 인 부 지

君子之才華 玉韞珠藏 不可使人易知
군 자 지 재 화   옥 온 주 장   불 가 사 인 이 지

한자풀이 韞 감추다

군자란 덕행이 있는 사람을 말한다. 군자가 가지고 있는 마음이나 행하는 일은 마치 푸른 하늘과 맑은 태양 같이 공명정대해서 한 점의 거짓도 없다. 그러므로 조금이라도 숨겨서 남이 알지 못하게 하는 것은 옳지 않다. 그러나 군자의 재능은 옥이 돌 속에 싸여 있고 구슬이 바다 밑에 감춰져 있듯이 경솔히 그 빛을 드러내지 않아 남이 쉽게 알아차릴 수 없다.

이것이 드러내지 않고 덕을 함양해서 다른 사람의 시기와 질투를 피하는 방법이다. 그러나 이와 반대로 소인의 마음은 거짓을 감추고 있으면서 드러내지 않아 알아차릴 수 없다. 그러나 자신의 재능에 대해서는

아주 작은 것이라도 크게 떠들어대고 남이 알아주기를 바라며 전전긍긍한다. 이것이 군자와 소인이 가장 다른 점이다.

2 듣기 좋은 말은 독약과 같다

귀로는 항상 거슬리는 말이 들리고
마음에는 항상 거슬리는 일이 있으면
곧 덕을 쌓고 실천하도록 연마해주는 숫돌과 같은 것이다.
만일 일마다 듣기 좋은 소리가 들리고 마음이 흡족하면
이것은 곧 나의 일생을 짐독鴆毒 속에 묻어버리는 것과 같다.

耳中常聞逆耳之言 心中常有佛心之事 纔是進德修行的砥石
이 중 상 문 역 이 지 언   심 중 상 유 불 심 지 사   재 시 진 덕 수 행 적 지 석

若言言悅耳 事事快心 便把此生埋在鴆毒中矣
약 언 언 열 이   사 사 쾌 심   편 파 차 생 매 재 짐 독 중 의

한자풀이 砥 숫돌 │ 把 잡다 │ 鴆毒 짐새의 독. 짐은 중국 남방에 사는 독이 있는 새이다.
　　　　 이 새의 깃을 담근 술로 사람을 독살했다고 한다.

옳은 말은 듣기에 거슬리지만 덕을 쌓고 실천하는 데 유익하며, 남의
비판과 반대는 내 심사를 사납게 하지만 거만하고 게으른 나의 단점을

고쳐주고 갈고닦는 노력을 하게 하여 덕을 행하는 데 유익한 것이다. 그러므로 귀에 거슬리는 약간의 충고와 마음에 거슬리는 비판은 덕을 쌓고 실천하는 데 도움이 된다.

가령 어떤 사람이 무례한 욕설과 모욕적인 행동으로 내 마음을 언짢게 할지라도 인내하고 참으면 그로 인해 덕을 높이고 반성하는 마음을 갖게 되는 것이다. 따라서 귀에 거슬리는 말과 마음에 거슬리는 일은 모두 덕을 쌓고 실천하는 데에 더러움을 씻어내고 갈고닦아주는 숫돌과 같은 것이다.

만일 아첨하는 말이 듣기 좋고 거짓으로 하는 일이 마음을 유쾌하게 한다면 이것은 갈고닦는 공을 없애고 단련시켜야 할 도를 잃게 만들어 덕을 실행하는 길이 막히고 말 것이므로, 일생을 독약 속에 묻어버리는 것과 같다. 그러므로 성군聖君은 눈앞에서 간하는 진실한 신하를 사랑해야 하며 군자는 충고를 해주는 유익한 벗을 높이 존경해야 한다.

3 덕이 높은 사람은 지극히 평범한 도를 행한다

독한 술, 기름진 고기, 맵고 단 맛은 참맛이 아니다.
참맛은 오로지 담백할 뿐이다.
신통하고 기이하고 탁월하며 이상한 사람이 덕이 높은 것이 아니라
덕이 높은 사람은 평범할 뿐이다.

醲肥辛甘非眞味 眞味只是淡
농 비 신 감 비 진 미 진 미 지 시 담

神奇卓異非至人 至人只是常
신 기 탁 이 비 지 인 지 인 지 시 상

한자풀이 醲 진한 술 ｜ 肥 :살찌다 ｜ 倬; 크다, 높다

너무 독한 술이나 기름진 고기, 맵고 단 음식은 모두 편향된 맛이다. 이것은 적당히 조절해서 먹는다 해도 시간에 따라서 또는 위장의 건강과 지역의 풍토, 습관 등에 따라서 맛에 대한 취향이 달라지므로 참된 맛이 아니다. 참된 맛은 담백한 차나 밥인데 그것은 어느 곳에서 어떠한 사람이 먹든, 때를 막론하고 항상 변함없이 맛이 있고 싫증이 나지 않는다. 다시 말해 특별한 맛이 없는 음식이 바로 참다운 맛이라고 할 수 있는 것이다.

신기神奇는 변환술과 같이 모습이 수시로 변하는 것이고, 탁이卓異는 특별히 괴이함을 말한다. 이는 곧 '괴력난신怪力亂神' '색은행괴索隱行怪'와

같은 의미이다. 덕이 높은 사람은 이러한 행동을 보이지 않고 극히 평범한 도를 행한다.

선가禪家에서 말하는 '기래끽반 곤래즉수飢來喫飯 困來卽睡' 즉 '배고프면 밥을 먹고 피곤하면 잠을 잔다', 이것이 바로 덕이 높은 사람의 행동이다.

4 진심의 본체

밤이 깊고 인적이 고요할 때 홀로 앉아 반성하면
망령된 생각이 사라지고
참다움만이 드러남을 깨닫는다.
그리고 항상 그 가운데에서 좋은 실마리를 얻는다.
참다움이 나타나서
이미 망령된 생각이 도망하기 어렵게 됨을 깨달으면
또한 그 가운데에서 크게 부끄러워진다.

夜深人靜 獨坐觀心
야 심 인 정 독 좌 관 심

始知妄窮而眞獨露 每於此中得大機趣
시 지 망 궁 이 진 독 로 매 어 차 중 득 대 기 취

旣覺眞現而妄難逃 又於此中得大慚悔
기 각 진 현 이 망 난 도 우 어 차 중 득 대 참 회

한자풀이 窮 다하다

밤이 깊고 인적이 끊어져 사방이 고요할 때, 아무것도 하지 않고 홀로 앉아 자기의 마음을 들여다보면 아무런 흔들림도 일지 않을 것이다. 낮에 일어난 여러 가지 일들로 인해서 희로애락의 정욕이 어지럽게 일어 작은 몸뚱이를 온갖 번민으로 빠져들게 만든 망령된 생각들이 없어지면, 마침내 텅 비고 신령스러운 진심의 본체가 드러나 온갖 것이 뒤섞인 속에서도 영묘靈妙한 단서를 얻게 될 것이다.

진심이 명백히 나타나면 망령된 생각의 흔적이 숨겨지지 않고 당연히 그것이 거짓임을 깨달아 지난날의 잘못에 대해 부끄러워하게 된다.

5 실패 없이 성공한 사람은 없다

은혜의 이면에 해로운 일이 생기는 법이므로
마음이 편안할 때 재빨리 생각을 돌이켜본다.
실패한 뒤에 반대로 성공을 이루는 경우가 있으니
마음에 거슬려도 절대로 일에서 손을 떼지 말아야 한다.

恩裏由來生害 故快意時 須早回頭
은 리 유 래 생 해 고 쾌 의 시 수 조 회 두

敗後或反成功 故拂心處 切莫放手
패 후 혹 반 성 공　고 불 심 처　절 막 방 수

　남에게서 사랑이나 은혜를 받는 것이 독립적인 생활을 하는 데 해가 될 수도 있으므로 반드시 좋은 것은 아니다. 또 한 번 베푼 은혜로 원수가 되어 오히려 원망이 되돌아올 수도 있다.

　그러므로 은혜와 사랑을 듬뿍 받아 유쾌할 때 생각을 되돌려 살펴보고 은혜를 입은 동안에 쌓은 정을 잘 간직하여 앞으로의 교분을 두텁게 쌓을 수 있도록 해야 한다.

　또 사업을 경영하다가 실패한 후 몸과 마음을 가다듬고 새로운 길을 계획하면, 앞에서 겪었던 실패가 훗날의 경험이 되어 마지막에는 성공을 거둘 수도 있다. 그러므로 실패로 인해 곤란을 당하여 마음에 거슬릴 때도 절대 낙망하여 일에서 손을 떼지 말고 더욱더 용감하게 힘쓸 것이다. 예로부터 위대한 일을 이룬 영웅호걸 중에 실패를 겪지 않고 성공한 사람은 없었다.

6 죽음 이후에도 이어지는 은혜

살아있을 때 마음을 너그럽게 열고
남으로 하여금 불평을 말하는 일이 없게 한다.
죽은 후의 혜택은 오래도록 이어져
남으로 하여금 부족한 생각이 들지 않게 한다.

面前的田地 要放得寬 使人無不平之歎
면 전 적 전 지 요 방 득 관 사 인 무 불 평 지 탄

身後的惠澤 要流得長 使人有不匱之思
신 후 적 혜 택 요 류 득 장 사 인 유 불 궤 지 사

면전面前이란 살아있을 때를 말하며, 전지田地는 곧 심지心地(마음의 본바탕)를 의미하는 말이다. 살아있을 때 마음을 너그럽게 열고, 좋고 싫음을 가리지 말고 모두 포용함으로써 나에 대해 불평을 말하는 사람이 없게 한다.

또 살아있을 때의 공적이 죽은 뒤에도 은혜를 내리고 오래도록 흘러 후세의 사람들이 충분히 누릴 수 있도록 해야 한다. 동서고금의 위대한 종교인, 사업가, 학자, 저술가가 새로운 진리를 밝혀 수천만의 사람들에게 그 은혜를 누리게 하고, 천년에 이르도록 하는 것이 바로 이것이다.

7 양보의 미덕

좁은 지름길에서는 한 걸음을 멈추어 남 먼저 지나가게 하고
맛 좋은 음식은 삼분三分을 덜어내어 남에게 먼저 양보한다.
이것이 바로 한세상을 가장 즐겁게 사는 방법이다.

路徑窄處 留一步與人行
노 경 착 처 유 일 보 여 인 행

滋味濃的 減三分讓人食
자 미 농 적 감 삼 분 양 인 식

此是涉世一極樂法
차 시 섭 세 일 극 락 법

한자풀이 徑 지름길 | 窄 좁다 | 讓 사양하다 | 涉 건너가다

지름길은 위험하고 좁아서 두 사람이 함께 갈 수가 없다. 그곳에서 다른 사람과 마주쳤을 때 한 걸음을 양보하여 먼저 지나가게 한다. 또 맛좋은 음식은 조금 덜어내어 남에게 베풀면 서로 빼앗으려고 싸우는 화근을 없앨 뿐만 아니라, 틀림없이 감사해하는 마음을 얻을 것이다.

이것이 경쟁으로 가득한 뜬구름 같은 세상을 살아가는 안전한 방법이다.

성인의 경지에 도달하려면

사람이 되는 것이 아주 고원高遠한 일은 아니다.
속세에서 벗어날 수 있으면 문득 명류名流에 들어간다.
학문은 열심히 공부만 한다고 되는 것이 아니다.
속세에 얽매이지 않으면 마침내 성인의 경지에 이른다.

作人 無甚高遠的事業 擺脫得俗情 便入名流
작 인 무 심 고 원 적 사 업 파 탈 득 속 정 편 입 명 류

爲學 無甚增益的工夫 減除得物累 便臻聖境
위 학 무 심 증 익 적 공 부 감 제 득 물 루 편 진 성 경

한자풀이 高遠 높고 넓다 | 名流 이름난 사람들의 무리 | 累 묶다 | 臻 이르다

천고의 아름다운 행적을 역사에 또렷하게 남긴 위인들도 멀고 높은 세상사를 행한 것이 아니다. 사람이 살아가면서 보통 행하는 일을 정도에 맞게 했을 뿐이다. 세속적인 일을 하는 사람도 욕정에 물들지 않고 구속되지 않으면, 이 사람이 바로 이름난 사람들의 무리에 속하는 것이다.

부처님의 가르침에 '세상 속에 들어가서 세상을 벗어나야만 참으로 세상에서 뛰어난 것이다'라는 것이 바로 이것을 가리키는 말이다.

또 학자란 본래 없었던 도리를 새로 만들어내는 것이 아니다. 본래부터 갖추어져 있던 지혜와 덕을 원만히 발휘할 뿐이다. 다만 번잡한 사물에 구속되지 않고 거기에서 점점 벗어나면 자연히 성인聖人의 경지에

도달하는 것이다. '다만 보통 사람의 심정으로 다할 뿐 별다른 설명이 필요 없다'는 것이다.

세상 사람들은 이를 알지 못한 채 속세의 욕심에서 벗어나는 것이 너무나 멀고 어려운 일이라 여기고, 번잡한 사물에 구속되지 않기 위해 새로운 공부를 해야 하는 것으로 잘못 생각하고 있다.

9 공이란 한 사람의 힘으로 이루어지는 것이 아니다

세상을 뒤덮는 공로도
'긍矜' 한 글자를 얻을 수 없으며
하늘에 미치는 죄악도
'개改' 한 글자 앞에서는 어쩔 수 없다.

蓋世的功勞 當不得一個矜字
개 세 적 공 로 당 부 득 일 개 긍 자
彌天的罪過 當不得一個改字
미 천 적 죄 과 당 부 득 일 개 개 자

한자풀이 蓋 덮다 | 彌 두루, 널리

역사를 주름잡은 영웅과 호걸이 큰 공록과 업적을 이루어 그것이 한 세상을 뒤덮을 정도라 해도, 자신을 만능의 신처럼 여겨 자랑하고 자만하면 덕을 잃게 되어 세상 사람들이 못마땅하게 생각한다. 그래서 이미 이루어놓은 공도 차츰 소멸된다.

'세상을 뒤덮는 공로'를 이룰 때는 반드시 무수한 무명 영웅의 희생적인 생애를 헛되게 함으로써 얻게 되는 것이다. '일장공성만골고一將功成萬骨枯' 즉 '한 사람 장군의 공은 만 명 병졸의 죽음에서 이뤄진다'는 옛말은 이를 말하는 것이다.

공이란 결코 한 사람의 힘으로 이루어지는 것이 아닌데, 저 혼자의 공으로 자랑하여 만인의 노고를 무시하면 그것은 결코 오래가지 못한다. 즉, 비록 개세蓋世의(세상을 뒤덮을 만한) 공로일지라도 '자랑할 긍矜'자 앞에서는 무력해질 수밖에 없다.

또 상상도 할 수 없는 죄라 할지라도 하루아침에 뉘우치고 다시 선한 행동과 덕을 실행한다면 지난날의 죄는 용서가 되는 것이다. 그러므로 비록 하늘에 미치는 죄라 할지라도 '고칠 개改' 한 글자만을 생각해야 한다.

모든 일을 완벽하게 해내야 한다고 생각하지 말라

일마다 여유를 가지고 무한히 유의留意하면
곧 조물주도 나를 거스르지 못하고 귀신도 능히 나를 해치지 못한다.
만일 사업은 반드시 만족해야 하고 공로는 반드시 가득 차기를 원하는 자는
내환內患이 생기지 않으면 반드시 외우外憂를 초래할 것이다.

事事留個有餘不盡的意思
사 사 유 개 유 여 부 진 적 의 사

便造物不能忌我　鬼神不能損我
편 조 물 불 능 기 아　귀 신 불 능 손 아

若業必求滿功必求盈者
약 업 필 구 만 공 필 구 영 자

不生內變　必招外憂
불 생 내 변　필 초 외 우

모든 일을 반드시 완벽하게 해내야 한다고 생각하지 않아야 한다. 항상 여유를 가지고 부단히 유의하여 외적 상황에 따라 천재지변이나 그 밖의 일이 언제라도 일어날 수 있다는 여지를 남겨두면, 조물주도 능히 나를 시기하지 못하고 귀신도 능히 나를 해치지 못한다.

그러나 반대로 사업과 공적이 충분히 만족스럽고 반드시 가득 차기를 바라면, 내부에서 변고가 생기거나 외부의 근심이 생기게 된다. 그러므로 10분의 그릇에 7분의 물을 담고 3분의 여유를 남겨두면 그 물이 안전하지만, 10분의 물을 가득 채우면 물이 넘치거나 그렇지 않으면 반

드시 엎질러지는 것과 같다.

11 나쁜 행위를 공격할 때는 지나치게 엄하면 안 된다

남의 나쁜 행위를 공격할 때 너무 지나치게 엄하지 말고
상대가 받아들일 수 있을 정도를 생각한다.
남에게 착한 일을 하도록 가르칠 때는 지나치게 고상하지 말고
마땅히 상대가 따를 수 있을 만큼 한다.

攻人之惡 無太嚴 要思其堪受
공 인 지 악　무 태 엄　요 사 기 감 수

教人以善 毋過高 當使其可從
교 인 이 선　무 과 고　당 사 기 가 종

남의 나쁜 점을 공격하는 것은 잘못을 성토해서 더 이상 나쁜 짓을 못하게 하는 것이다. 그러나 지나치게 엄하게 공격하면 도리어 그 사람의 감정을 악화시키기 쉽다. 그러니 상대가 감수할 수 있을 정도로 적당히 조절해야 한다.

또 남에게 착한 일을 하도록 가르칠 때는 지나치게 고상한 일을 맡겨 그가 실천하지 못하면 가르친 공이 헛될 뿐이다. 그러므로 그 사람의

기량이나 재능에 맞추어 실천할 정도로 가르쳐야 한다. 부처님은 대승
인大乘人을 만나면 대승법을 가르치고, 소승인小乘人을 만나면 소승법을
가르쳤다. 공자도 '중인中人 이하에게 상上을 말하지 말라' 하였다.

12 깨끗한 것은 항상 더러운 곳에서 나오고
맑은 것은 언제나 어두운 곳에서 생긴다

꽁지벌레는 아주 더럽지만 매미로 변하면
가을바람에 이슬을 마시며 산다.
썩은 풀은 빛이 나지 않지만 반딧불이 되면
여름밤에 광채를 내뿜는다.
그러므로 깨끗한 것은 항상 더러운 곳에서 나오고
밝은 것은 언제나 어두운 곳에서 생긴다는 것을 알아야 한다.

糞蟲至穢 變爲蟬 而飮露於秋風
분 충 지 예   변 위 선   이 음 로 어 추 풍

腐草無光 化爲螢 而燿采於夏月
부 초 무 광   화 위 형   이 요 채 어 하 월

故知潔常自汚出 明每從暗生也
고 지 결 상 자 오 출   명 매 종 암 생 야

한자풀이 穢 더럽다 | 蟬 매미 | 螢 반딧불

애벌레는 더러운 진흙 속에서 자란다. 그러나 매미로 변하면 살랑대는 가을바람 아래에서 맑은 이슬을 먹고 노래하며 산다. 썩은 풀은 보잘것없는 사물이다. 본래는 아무 광채도 없는 것이지만 이것에서 반딧불이 나오면 여름밤에 그 빛을 볼 수 있다. 즉 매미의 깨끗함은 애벌레의 더러움에서 나오며, 반딧불의 불빛은 썩은 풀의 어둠에서 생기는 것이다. 이러한 이치를 깨달으면 모든 것을 이해할 수 있다.

홍안紅顔은 박명薄命에서 얻어지고, 훌륭한 문장은 곤궁함에서 쓰여진다. 성공은 실패한 뒤에 생기고, 영달은 곤궁한 뒤에 얻어지는 것이다. 역사에 남을 정도로 존경하고 사랑할 만한 영웅과 호걸들도 곤궁함과 가난을 헤치고 일어섰다. 그러므로 사람은 일시적인 실의失意로 절대 희망을 놓지 않아야 한다.

___13___   객기와 정욕을 없애야 한다

자랑과 교만은 객기客氣 아닌 것이 없으니
객기를 눌러 없애야 비로소 바른 기운이 펼쳐진다.
정욕과 의식은 모두 망령된 마음에 속하는 것이니
망령된 마음을 없애야 비로소 진심이 나타나는 것이다.

矜高倨傲 無非客氣
긍 고 거 오 무 비 객 기

降伏得客氣下 而後正氣伸
항 복 득 객 기 하 이 후 정 기 신

情欲意識 盡屬妄心
정 욕 의 식 진 속 망 심

消殺得妄心盡 而後眞心現
소 살 득 망 심 진 이 후 진 심 현

스스로 잘난 체하고 스스로 높은 체하며 남 앞에서 오만한 것은, 추하고 경박하고 부도덕한 객기이다. 이 객기를 굴복시켜야 공명정대한 바른 기운을 살려낼 수 있다. 또 남을 미워하고 사랑하는 욕정과 번뇌는 모두 망령된 마음에 속한 것이다. 이것을 없애버려야 밝은 진심이 나타나는 것이다.

그렇지만 객기와 정기正氣는 상대적인 두 가지가 아니다. 또 망령된 마음과 참마음은 서로 완전하게 다른 두 개의 사물이 아니라 실은 동일한 기운이며 마음이다. 그러나 망령된 행동을 가리켜 객기니 망심妄心이니 말하고, 본연의 모습을 가리켜 정기니 진심이니 말한다. 정기와 진심은 거울 같은 물이라 할 수 있으며, 객기와 망심은 거친 풍파와 같은 것이니, 거울 같은 물을 떠나서 거친 풍파가 따로 있는 것은 아니다.

14 일에 임하기 전에 후회할 것을 미리 생각하라

배가 부른 후에 음식 맛을 생각하면
강하고 담백한 경계를 알 수 없고
성행위 이후에 음정婬情을 생각하면
곧 남녀관계가 끊어질 것이다.
그러므로 사람이 항상 일이 지난 뒤에 반성하고,
일에 임했을 때 어리석음을 깨친다면
곧 성품이 안정되어 정당하지 않은 행동이 없을 것이다.

飽後思味 則濃淡之境都消
포 후 사 미   즉 농 담 지 경 도 소

色後思婬 則男女之見盡絕
색 후 사 음   즉 남 녀 지 견 진 절

故人常以事後之悔悟 破臨事之痴迷
고 인 상 이 사 후 지 회 오   파 임 사 지 치 미

則性定而動無不正
즉 성 정 이 동 무 부 정

배부르게 먹은 후에 음식 맛을 생각하면 맛의 경지를 느낄 수 없다. 성행위를 행한 후에 음정을 생각하면 남녀간의 사랑에 대한 마음이 사라질 수도 있다. 그러니 배부른 뒤에 통음痛飮(술을 많이 마심)하고 포식飽食(배부르게 먹음)한 것을 후회하게 되는 것이며, 색사 후에 여색에 빠진 과도한 음란을 후회하게 되는 것이다.

그러므로 무슨 일이거나 사후에 후회할 것을 미리 생각하여 일에 임

했을 때에 그 어리석은 마음을 깨우친다면, 성정性情을 편안하게 안정시켜서 정당하지 않은 어떤 행위도 하지 않게 되는 것이다.

15 반드시 잊지 말아야 할 것

현면 속에 있어도
산림山林의 기운과 멋을 잃지 않아야 하며
임천林泉에 살아도
반드시 조정에서 일할 경륜을 생각해야 한다.

居軒冕之中 不可無山林的氣味
거 헌 면 지 중 　불 가 무 산 림 적 기 미

處林泉之下 須要懷廟堂的經綸
처 임 천 지 하 　수 요 회 묘 당 적 경 륜

현면軒冕이란 고관이 타는 수레와 관이다. 수레를 타고 관을 쓰고 조정에 출입하며 국가대사를 경영하는 고관대작이 한결같이 벼슬에 대한 명예와 포상만을 바라면 속세에 물들어 자신의 뜻을 잃게 될 뿐이다. 또 명예와 포상을 바라지 않는 어진 재상이나 청렴한 관리라 할지라도 지나치게 바쁜 벼슬살이에 정신이 피로해지면, 오히려 담당하고 있는 일을 혼미하게 처리하여 잘못된 판단을 내릴 수 있다.

그러므로 높은 벼슬자리에 있다 해도 고결하고 냉철하면서도 산림적山林的인 기풍을 유지하여, 이익만을 좇다가 뜻을 잃게 되거나 계획이 잘못되는 폐단이 생기지 않도록 해야 한다. 비스마르크(독일의 재상)는 뛰어난 정치적 구상을 가끔 공원을 산책하면서 얻었다고 한다. 이것이 명확한 증거 중의 하나이다.

또 혹시 재능이 있으나 때를 만나지 못해 자연 속에 은둔해서 사는 선비는 구름과 학과 더불어 담담한 생활을 할지라도, 한결같이 적막하고 쓸쓸한 염세적인 생각을 하지 말고 세상을 구제하고 나라를 건지려는 큰 경륜을 품고 있어야 한다.

한나라의 제갈량이 융중隆中의 초가집에 누워 봄날의 낮잠을 즐기는 중에도 벽에는 형주荊州와 익주益州의 지도를 걸어놓고 한나라의 부흥을 경륜한 것이 바로 그 예이다.

근심과 근면도 지나치면 해가 된다

근심과 근면은 미덕이지만
지나치게 고달프면 넉넉한 성품과 온화한 심정을 기를 수 없다.
담박함은 고귀한 모습이나
지나치게 메마르면 곧 사람을 구제하고 물건을 이롭게 할 수 없다.

憂勤是美德　太苦　則無以適性怡情
우 근 시 미 덕　태 고　즉 무 이 적 성 이 정

淡泊是高風　太枯　則無以濟人利物
담 박 시 고 풍　태 고　즉 무 이 제 인 이 물

근심이란 삼가고 조심한다는 뜻이며, 근면이란 힘써 노력한다는 말
이다.

매사에 조심하고 근면한 것은 아름다운 태도이다. 그러나 지나치게
고달프게 실천하려다 보면 온화한 품성을 기르지 못한다. 또 담박한
생활은 정말 고상한 모습이다. 그러나 지나치게 메마를 정도로 담박
하면 마른 나무가 쓰러지는 것처럼 사람을 구제하고 물건을 이롭게 할
수 없다.

17 어려움에 처했을 때는 초심으로 돌아가라

일이 궁해지고 행세가 움츠러든 사람은
마땅히 초심으로 돌아가야 하고
공이 이루어지고 행동이 성취된 사람은
자신의 말로를 생각해야 한다.

事窮勢蹙之人 當原其初心
사 궁 세 축 지 인　당 원 기 초 심

功成行滿之士 要觀其末路
공 성 행 만 지 사　요 관 기 말 로

한자풀이 　蹙 오그라들다, 막히다

사람이 일을 경영하다가 극도의 실패를 당하여 사세가 궁해졌을 때, 일의 실패에만 몰두하여 쓸데없는 걱정을 할 것이 아니라 초심으로 돌아가 다시 진행해야 한다.

초나라의 항우가 해하垓下에서 패한 후에 오강烏江을 건너 다시 권토중래捲土重來(한 번의 실패에 굴하지 않고 몇 번이고 다시 일어남)의 계획을 세웠다면 진나라의 산하가 누구의 것이 되었을지 알 수 없다. 그런데 일시적인 낙망으로 자결을 하는 유감스러운 일을 행한 것은 궁핍한 처지에서 처음의 그 마음으로 돌아가지 못했기 때문이다.

또 공이 원만히 이루어진 사람은 한층 더 멀리 내다보고 마지막의 안

전을 생각해 기회를 보아 한발 물러나 끝까지 잘 다스릴 수 있어야 한다. 한나라의 한신韓信은 창업의 대공을 거의 세웠다고 할 수 있는데, 최후에 하찮은 아녀자인 여후呂后(여태후)의 손에 죽었으니 이것은 마지막을 잘 도모하고 탐색하지 못했기 때문이다.

18 자신의 재능을 드러내어 남용하지 말라

부귀한 집은 마땅히 관대하고 후해야 하는데
오히려 싫어하고 꺼리면 부귀하지만 빈천한 행동일 뿐이니
어떻게 그 부귀를 오래 누릴 수 있겠는가?
또 총명한 사람은 마땅히 그 재주를 숨겨야 할 터인데
도리어 그것을 드러낸다면 이는 총명해도 어리석은 병통이 있는 것이니
어떻게 망하지 않겠는가?

富貴家 宜寬厚 而反忌刻
부 귀 가 의 관 후 이 반 기 극

是富貴而貧賤其行 如何能享
시 부 귀 이 빈 천 기 행 여 하 능 향

聰明人 宜斂藏 而反炫耀
총 명 인 의 렴 장 이 반 현 요

是聰明而愚懵其病 如何不敗
시 총 명 이 우 몽 기 병 여 하 불 패

부유한 집은 마땅히 남을 너그럽게 용서할 줄 알고 후하게 베풀어 도움을 주어야 한다. 그런데 오히려 남을 시기하고 재물에 대해 각박하면, 이것은 비록 부귀하지만 천한 태도일 뿐이다. 이것은 많은 사람의 원한을 사게 되는 것이니, 어떻게 그 부귀를 오래 누릴 수 있겠는가?

총명한 사람이라면 자신의 재능을 드러내지 않고 때를 기다려 활용한다. 그런데 오히려 자기의 재능을 드러내어 칭찬하고 경솔히 남용하면, 이는 곧 총명하지만 어리석은 병통이 있는 것이니 어떻게 실패하지 않겠는가?

19   소인을 미워하지 않기는 어렵다

소인을 엄하게 대하기는 어렵지 않으나
미워하지 않기는 어렵다.
군자를 공손하게 대하기는 어렵지 않으나
예의를 갖추어 대하기는 어렵다.

待小人 不難於嚴 而難於不惡
대 소 인   불 난 어 엄   이 난 어 불 오

待君子 不難於恭 而難於有禮
대 군 자   불 난 어 공   이 난 어 유 례

소인이 하는 일은 올바르지 않기 때문에 그런 사람은 금방 증오하게 된다. 그래서 소인을 상대할 때 엄하게 나무라기는 어렵지 않다. 그러나 미워하지 않기는 어려운 일이다.

또 덕행이 높은 군자 앞에서는 지나치게 공손해지기 쉽다. 그래서 군자를 공경하는 일은 어렵지 않으나, 적절한 예법을 갖추는 것은 어려운 일이다.

20 마음이 안정돼야 나쁜 기운이 들지 못한다

마魔를 항복시키려면
먼저 그 마음부터 항복시켜야 한다.
마음이 복종하면 모든 마가 물러나 내 말을 들을 것이다.
횡포를 쫓아내고자 하면
먼저 이 기운부터 쫓아내야 한다.
기운이 평정되면 밖의 횡포가 침입하지 못한다.

降魔者 先降其心 心伏 則群魔退聽
항 마 자 선 항 기 심 심 복 즉 군 마 퇴 청

馭橫者 先馭此氣 氣平 則外橫不侵
어 횡 자 선 어 차 기 기 평 즉 외 횡 불 침

흔히 마魔가 낀다는 것은 일정하지 않아서, 어떤 일에 영원히 마의 장난이 끼어들지는 못한다. '마'라는 것은 각각 제 마음을 스스로 흐리게 해서 외물의 진상을 바로 살피지 못하게 하는 것이다.

그러므로 무엇에 홀린 마음이 여러 가지 마를 일으키게 된다. 마음속에 의혹이 생기면 접하는 사물마다 모두 마가 낀 것 같지만, 마음이 안정되면 금방 온갖 마가 사라지는 것을 알게 된다. 그러므로 마라는 것은 스스로의 마음으로 망령된 생각을 만드는 것이요, 또 나에 대한 마는 내가 없애지 않으면 마도 역시 나에 대한 마력魔力을 거두지 않는다.

그러므로 외마外魔를 이겨내려면 먼저 마음의 조화로 악행을 굴복시켜 남에 대한 나쁜 견해를 없애야 한다. 자기 마음을 안정시켜 잘못된 견해를 없애면 모든 마가 물러가서 내 명령을 좇게 될 것이다.

또 외부의 횡포는 내가 경박한 객기를 보였을 때 그 힘을 나타낸다. 그러므로 먼저 나의 객기를 몰아내어 평온하고 담담하게 행동한다면 외부의 횡포는 저절로 사라져서 나를 침범하지 못할 것이다.

21 처음 한 번의 중요성

욕망이란 안일하게 즐기지도 말고 맛도 보지 말아야 한다.
한번 맛을 알게 되면 만 길 깊은 나락으로 빠져들게 한다.
도리를 행하는 일은 어려워도 잠시도 물러서지 말아야 한다.
한번 걸음을 물리면 멀리 천 개의 산이 막을 것이다.

欲路上事 毋樂其便而姑爲染指 一染指 便深入萬仞
욕 로 상 사 무 락 기 편 이 고 위 염 지 일 염 지 편 심 입 만 인

理路上事 毋憚其難而稍爲退步 一退步 便遠隔千山
이 로 상 사 무 탄 기 난 이 초 위 퇴 보 일 퇴 보 편 원 격 천 산

한자풀이 仞 길다, 깊다 ㅣ 憚 꺼리다 ㅣ 稍 약간

욕망을 따르기란 참으로 쉽고 편하다. 그래서 안일하게 즐겨보리라
생각하면 안 된다. 왜냐하면 한번 욕망의 맛을 보기 시작하면 점점 그 맛
을 탐하게 되고, 마침내 만 길 욕망의 구렁으로 빠지게 되기 때문이다.

또 이치에 맞는 일은 실행하기가 좀 어렵다 해도 조금이라도 뒤로 물
러서면 안 된다. 한번 뒷걸음질하다 보면 점점 원칙과는 동떨어져 자신
과 도리 사이에 천 개의 산이 가로놓인 것과 같은 먼 간격이 생겨 마침
내 돌이킬 수 없게 된다.

22 배우는 자는 배움에만 집중해야 한다

배우는 것은 모든 정신을 가다듬어 한 곳으로 모으는 것이다.
만일 도덕을 닦는데 뜻을 공과 명예에 둔다면
실제로 덕을 실천하려는 마음이 없어진다.
독서의 흥취를 음영吟咏이나 풍아風雅에 둔다면
단연코 마음이 깊지 못할 것이다.

學者要收拾精神 幷歸一處
학 자 요 수 습 정 신　병 귀 일 처

如修德 而留意於事功名譽 必無實詣
여 수 덕　이 유 의 어 사 공 명 예　필 무 실 예

讀書 而寄興於吟咏風雅 定不深心
독 서　이 기 흥 어 음 영 풍 아　정 불 심 심

한자풀이 吟咏 시를 읊다 ｜ 風雅 풍류(風流)와 문아(文雅)

　학문을 닦는 사람은 모든 정신을 가다듬어 분산시키지 말고, 오로지
학문만을 집중적으로 연구해야 한다. 만일 도덕을 닦는 자가 그 뜻을
오로지 공을 얻고 명예를 구하는 일에만 둔다면 결코 도덕을 실천하지
못할 것이다. 또 글을 읽는 자가 연구하는 데 몰두하지 않고, 그 취미를
시를 읊고 풍류를 노래하는 데에 둔다면 결코 깨달음의 경지가 깊지 못
할 것이다.

누구에게나 큰 자비심이 있다

사람마다 하나의 대자비大慈悲가 있다.
유마維摩나 도회屠劊가 두 마음이 아니며
곳곳마다 진정한 멋의 근원이 있다.
고대광실과 오막살이가 두 곳이 아니며
다만 욕망이 막히고 감정이 봉쇄되어
실제에 착오를 일으키면 곧 지척이 천 리이다.

人人有個大慈悲　維摩屠劊無二心也
인 인 유 개 대 자 비 　 유 마 도 회 무 이 심 야

處處有種眞趣味　金屋茅簷非兩地也
처 처 유 종 진 취 미 　 금 옥 모 첨 지 양 지 야

只是欲閉情封　當面錯過　便咫尺千里矣
지 시 욕 폐 정 봉 　 당 면 착 과 　 편 지 척 천 리 의

　사람의 마음에는 누구에게나 큰 자비심이 있다. 유마힐維摩詰은 부처님의 뛰어난 제자이며, 도회(백정과 망나니를 아울러 이르는 말)는 생명을 끊는 잔인한 일을 행하는 회자수劊子手(사형 집행인)이다. 이들 두 사람이 가지고 있는 대자비의 본심은 다 같아서 본래부터 두 마음이 아니다. 맹자가 '사람은 누구나 차마 하지 못하는 마음이 있다'고 한 것이 이것이다. 열반회에서 광액도아廣額屠兒(이마가 넓은 백정)가 짐승 잡던 칼을 던지고 즉석에서 성불成佛한 일도 있는데, 이것이 바로 회자수에게도 대자대비의 불성佛性이 있다는 명확한 증거이다.

166

또 어느 곳을 막론하고 절대 변하지 않을 유일한 아름다움과 멋이 있다. 금으로 칠한 궁전과 짚으로 엮어 지붕을 인 집은 비록 만든 형식은 다르지만 본래적인 아름다움과 멋은 다르지 않다.

자비심이 똑같은데 어떻게 유마와 회자수가 다르며, 아름다움과 멋이 똑같은데 어떻게 금으로 칠한 궁전과 초가집이 다르게 느껴지는 것일까? 그것은 물질적인 욕망으로 생각이 막혀버려, 본심과 진정한 아름다움을 알아채지 못하고 잘못 생각하기 때문이다. 그러나 잘못된 생각의 시작은 아주 지척이지만, 잘못된 생각의 결과는 천 리나 멀리 현격하게 달라지는 것이다.

24 　나라를 경영할 때 재물을 탐하면 곧 위기에 빠진다

덕을 쌓고 도를 닦을 때
오직 목석같은 마음으로 한다.
만일 한 번이라도 기쁜 일을 즐기면
곧장 욕망이 있는 곳으로 나아간다.
세상을 구제하고 나라를 경영할 때
운수雲水와 같은 한결같은 마음이어야 한다.
만일 한 번이라도 재물을 탐하는 마음이 있으면
곧장 위기에 빠지게 된다.

進德修道 要個木石的念頭
진 덕 수 도 요 개 목 석 적 염 두

若一有欣羨 便趨欲境
약 일 유 흔 선 편 추 욕 경

濟世經邦 要段雲水的趣味
제 세 경 방 요 단 운 수 적 취 미

若一有貪着 便墮危機
약 일 유 탐 착 편 타 위 기

한자풀이   欣 기뻐하다 ┃ 羨 부러워하다 ┃ 段 구분, 갈림

　도를 닦을 때는 목석같은 심정으로 물욕의 망념을 끊어야 한다. 만일 사물에 대해 기뻐하고 부러워하는 마음을 갖게 되어 탐욕의 경지에 들어서면 도를 닦을 수 없다.

　또 세상을 구제하고 국가대사를 경륜한다면 담박한 구름과 청정한 물 같은 마음이어야 한다. 냉정한 두뇌와 고요하고 담박한 생각으로 일을 해야 하는데 명예나 권력에 대해 욕심을 갖게 되면 반드시 위기에 빠져 세상을 다스릴 수 없다.

병은 보이지 않는 곳에서 생겨
반드시 눈에 보이는 곳에 드러난다

간이 병들면 눈이 보이지 않고
콩팥이 병들면 귀가 들리지 않는다.
병은 남모르는 곳에서 생겨
반드시 남들이 다 보는 곳에 드러나는 법이다.
그러므로 군자는 남이 보는 환한 곳에서 죄를 짓지 않으려면
먼저 아무도 없는 어두운 곳에서 죄를 짓지 말아야 한다.

肝受病 則目不能視 腎受病 則耳不能聽
간 수 병 즉 목 불 능 시 신 수 병 즉 이 불 능 청

病受於人所不見 必發於人所共見
병 수 어 인 소 불 견 필 발 어 인 소 공 견

故君子欲無得罪於昭昭 先無得罪於冥冥
고 군 자 욕 무 득 죄 어 소 소 선 무 득 죄 어 명 명

눈은 간에 속하기 때문에 간이 병들면 곧 눈이 보이지 않는다. 귀는
신장에 속하기 때문에 신장이 병들면 귀가 들리지 않는다. 병은 사람이
보지 못하는 몸의 내부에서 생기지만 반드시 사람들의 눈앞에 드러난다.

사람이 하는 일도 이와 같다. 한결같이 마음속에 숨겨둔 생각은 반드
시 행하는 일에 나타나는 법이다. 또한 홀로 있을 때의 습관은 반드시
여럿이 있는 곳에서 나타난다. 그러므로 군자가 밝은 곳에서 죄를 짓지
않으려면, 먼저 어두운 곳에서부터 근신해야 한다.

26 은혜는 잊지 말고 원한은 잊어라

내가 남에게 베푼 공을 생각해서는 안 된다.
그러나 허물이 있을 때는 이를 생각하지 않을 수 없다.
남이 나에게 베푼 은혜를 잊어서는 안 된다.
그러나 원망이 생겼을 때에는 이를 잊지 않을 수 없다.

我有功於人 不可念 而過則不可不念
아 유 공 어 인 불 가 념 이 과 즉 불 가 불 념

人有恩於我 不可忘 而怨則不可不忘
인 유 은 어 아 불 가 망 이 원 즉 불 가 불 망

　내가 남에게 공덕功德을 베풀었다면 그에 대한 보상은 바라지 말아야
한다. 베푼 공은 잊어버리고 마음속에 두지 말라는 것이다. 그러나 내
가 남에게 잘못을 저질렀을 때는 그 잘못을 고치기 위해 항상 잊지 말아
야 한다.

　또 남이 내게 은혜를 베풀어주었을 때는 보답하는 것을 잊지 말아야
한다. 그러나 남이 내게 원한을 샀을 때는 즉시 잊어버리고 원수를 갚
으려 하지 말아야 한다. '군자는 원수를 원수로써 갚지 않고 덕으로 원
수를 갚아야 한다'는 옛말이 이를 말하는 것이다.

27 좋은 글을 읽고 옛것을 배울 때는 마음이 정결해야 한다

마음의 바탕이 정결해야 좋은 글을 읽고 옛것을 배울 수 있다.
그렇지 않으면 한 가지 착한 행실을 살짝 엿보고
이를 몰래 취하여 자신의 사사로운 것으로 만들고,
한 가지 좋은 말을 들으면 그것을 빌려다가 자기의 단점을 숨긴다.
이것은 적군에게 무기를 주고, 도둑에게 양식을 주는 것과 같다.

心地乾淨 方可讀書學古
심 지 건 정 방 가 독 서 학 고

不然 見一善行 竊以濟私
불 연 견 일 선 행 절 이 제 사

聞一善言 假以覆短
문 일 선 언 가 이 복 단

是又藉寇兵 而齎盜粮矣
시 우 자 구 병 이 재 도 량 의

한자풀이 　竊 훔치다 ｜ 藉 빌리다 ｜ 齎 가져가다

　　마음속에 낀 티끌을 씻어내어 맑고 깨끗하게 해야 좋은 글이 읽히고
옛 현인들의 생각을 배울 수 있다. 마음이 깨끗하지 못하면 글 속에 담
긴 좋은 뜻을 몰래 자기 것으로 만들어 자신의 행동을 가장한다. 또 옛
사람의 좋은 말을 취하여 자신의 단점을 숨기고 자신의 선행으로 변조
시키려 한다.

남의 착한 일을 몰래 취하여 제 것으로 만들면 이는 제 잘못을 더하는 것이며, 남의 착한 말을 빌려다가 제 단점을 보이지 않도록 숨기는 것은 더욱더 잘못하는 것이다. 이것은 적군에게 무기를 대주고 도둑에게 양식을 보내는 것과 같다.

---

28 사치스럽고 재능이 뛰어난 사람보다 검소하고 서툰 사람이 낫다

사치스러운 사람은
아무리 부유해도 만족하지 못한다.
그러니 검소하고 가난하면서도 여유 있게 사는 것만 못하다.
재능이 뛰어난 사람은
노력을 해도 원망을 산다.
그러니 서툰 사람이 편안하며 온전히 참된 것만 못하다.

奢者富而不足 何如儉者貧而有餘
사 자 부 이 부 족　하 여 검 자 빈 이 유 여

能者勞而伏怨 何如拙者逸而全眞
능 자 노 이 복 원　하 여 졸 자 일 이 전 진

사치를 즐기는 자는 욕망이 너무 커서 아무리 부자가 되어도 만족하지 못한다. 검소한 사람은 사치하려는 마음이 없기 때문에 가난해도 여유가 있다. 그러니 사치스러운 자가 부자이면서도 항상 부족함이 있는 것은 검소한 자가 가난하면서도 여유가 있는 것만 못하다.

또 재능이 있어도 덕이 없는 자는 남이나 사물事物의 심부름꾼이 되어 몸과 마음을 수고롭게 해도 오히려 남에게 원한을 산다.

서툰 사람은 재주를 자랑하지 않기 때문에 서둘지 않고 온전히 진심을 다한다. 그러므로 능한 자가 남의 원망을 사는 것보다 서툰 사람이 자신의 모습을 그대로 보여주는 것이 낫다.

29 행하지 않으면 참된 지식이 아니다

글을 읽어도 성현을 알아보지 못하면
종이나 붓처럼 글을 쓰는 도구와 같을 뿐이다.
벼슬자리에서 백성을 사랑하지 않으면
의관을 갖춰 입은 도둑과 같을 뿐이다.
학문을 연구해도 몸소 실행하지 않으면 구두선口頭禪과 같고
업적을 세워도 덕을 뿌리 깊게 심지 않으면 눈앞의 꽃과 같다.

讀書 不見聖賢 如鉛槧傭
독 서 불 견 성 현 여 연 참 용
居官 不愛子民 如衣冠盜
거 관 불 애 자 민 여 의 관 도

講學 不尙躬行 如口頭禪
강 학 불 상 궁 행　여 구 두 선

立業 不思種德 如眼前花
입 업 불 사 종 덕　여 안 전 화

글을 읽으면서 옛 현자들의 참된 정신을 꿰뚫어 보지 못하고 다만 문장이나 어구語句만을 취하면, 연필이나 종이처럼 글을 쓰는 도구에 지나지 않는다. 관직에 있으면서 백성을 자기의 친자식처럼 사랑하지 않고 그저 녹봉만을 받는다면 이는 의관을 갖춘 도둑과 같다.

또 학문을 배우면서 아름다운 말이나 착한 행실을 실천하지 못하면, 덕을 쌓기 위한 경구만을 입으로 달달 외우는 선사禪師와 다름없다.

공을 세워도 남이 알지 못하게 쌓아두면 후세에 그 보답을 받아 기쁨을 누리게 되지만, 그렇지 않으면 그 공은 금세 사라져 잠깐 피었다가 사라져버리는 눈앞의 꽃과 같을 뿐이다.

174

참다운 배움에 이르는 길

사람의 마음 한편에는 참된 문장이 있다.

그런데 이것이 모두 단간잔편斷簡殘編으로 숨겨져버린다.

사람의 마음 한편에는 참음악이 있다.

그런데 이것이 모두 이상한 노래와 현란한 춤으로 인해 인멸된다.

그러니 배우는 사람은 반드시 외물을 쓸어 없애고

그 근본을 찾아 얻으면

비로소 참다운 배움이 있을 것이다.

人心有一部眞文章 都被殘編斷簡封錮了
인 심 유 일 부 진 문 장   도 피 잔 편 단 간 봉 고 료

有一部眞鼓吹 都被妖歌艶舞湮沒了
유 일 부 진 고 취   도 피 요 가 염 무 인 몰 료

學者須掃除外物 直覓本來 纔有個眞受用
학 자 수 소 제 외 물   직 멱 본 래   재 유 개 진 수 용

한자풀이 **斷簡殘編** 떨어져 나가고 빠지고 하여 조각이 난 문서나 글 | **錮** 가로막다

　사람은 본래 이치에 맞게 만사를 행하려는 마음을 가지고 있다. 그래서 각각의 마음속에는 신묘하고 조금도 결함이 없는 하나의 참된 글이 본래부터 갖추어져 있다. 불경에 이르기를 '내게 한 권의 책이 있는데 종이와 먹으로 만들어지지 않아서 펴보면 글자 하나 없으나 항상 큰 광명을 발한다(我有一卷經 不因紙墨成 展開無一字 常放大光明)'고 하였는데, 이

구절이 바로 마음속의 참된 글을 가리킨다.

그러나 마음속의 참된 글을 자유롭게 활용하지 못하고 또 문장을 배우는 사람이 이것을 책 속에서만 구하려 하기 때문에, 제 마음속에 있는 고상하고 미묘한 참된 문장은 오히려 낡아빠진 책장 속으로 사라져버리게 되는 것이다.

또 사람의 마음속에 절묘한 가락의 좋은 음악이 있는데 창기娼妓나 광대들의 노래와 춤 속에 묻혀버리고 있으니 참으로 애석한 일이다.

그러므로 배우는 사람이라면 낡아빠진 글이라든지, 요란한 노래와 춤 따위는 마음속에서 쓸어내야 한다. 그리고 본래 갖추고 있던 참된 글과 음악을 터득하게 된다면 무궁한 참 배움을 이룰 수 있는 것이다.

31 부와 명예를 누릴 수 있는 시간

도와 덕을 쌓은 사람이 얻은 부와 명예는
마치 숲 속의 꽃과 같아서 저절로 자라고 번식한다.
그러나 공을 이루어 얻은 부와 명예는
마치 화분 속의 꽃과 같아 옮겨지거나 하면 시들어버린다.
만일 권력으로 얻은 것이라면 병 속에 꽂힌 꽃과 같아서
뿌리를 내리지 못하고 시들기를 기다리는 꽃과 같다.

富貴名譽自道德來者 如山林中花 自是舒徐繁衍
부귀명예자도덕래자　여산림중화　자시서서번연

自功業來者 如盆檻中花 便有遷徙廢興
자공업래자　여분함중화　편유천사폐흥

若以權力得者 如瓶鉢中花 其根不植 其萎可立而待矣
약이권력득자　여병발중화　기근불식　기위가립이대의

부와 명예는 어떻게 얻게 되었느냐에 따라 누릴 수 있는 시간이 각각 다르다. 도와 덕으로 얻은 부와 명예는, 마치 숲 속에 자연스럽게 피어난 꽃이 뿌리도 깊고 가지도 무성하여 점차 무성해지는 것처럼 가장 오래간다.

그러나 공을 세우고 얻은 부와 명예는 마치 화분 속에 심은 꽃과 같다. 그래서 인공 배양의 변동에 따라 살고 죽는 것처럼 오래가지 못한다.

또한 일시적인 권력으로 얻은 부와 명예라면, 마치 가지를 꺾어 화병 속에 꽂은 꽃이 뿌리가 없어서 금세 시드는 것처럼 가장 오래가지 못한다.

32 일시의 적막함과 만고의 쓸쓸함

도덕적으로 살며 절개를 지키는 자는 한때 적막하지만
권세에 붙어 아부하는 자는 영원히 쓸쓸하다.
통달한 사람은 세상 밖의 세상을 보며
제 몸이 죽은 뒤의 제 몸을 생각하기 때문에
차라리 일시의 적막을 택할지라도 만고의 쓸쓸함을 취하지 않는다.

棲守道德者 寂寞一時 依阿權勢者 凄涼萬古
서 수 도 덕 자 적 막 일 시 의 아 권 세 자 처 량 만 고

達人觀物外之物 思身後之身
달 인 관 물 외 지 물 사 신 후 지 신

寧受一時之寂寞 毋取萬古之凄涼
영 수 일 시 지 적 막 무 취 만 고 지 처 량

한평생을 도와 덕으로 지조를 지키며 산 사람은 부와 명예는 쳐다보
지도 않고 물 한 바가지에 거친 밥을 먹고 초라한 집에 거처해도 즐거워
하거나, 세상의 흐름을 따르지 못해 재능을 인정받지 못하고 낙향하여
죽을 때까지 궁핍하게 살아야 하니 한때나마 얼마나 적막할 것인가? 그
러나 이러한 사람은 반드시 도덕이라는 꽃다운 명예를 얻어 후세에 전
해져 영원한 영화를 누리게 된다.

그러나 만일 권세 있는 사람에게 아첨하여 구차하게 명예와 이익을
도모한다면 비록 일시적인 부를 얻을지는 모르지만 후세 사람의 비난을
면치 못하여 마침내는 영원히 쓸쓸한 사람이 될 것이다.

178

통달한 사람은 유한한 이 세상 밖에 무한한 세계가 있다는 것을 깨달아 백 년을 사는 육신의 삶 다음에 영겁의 정신이 있음을 생각한다. 그러므로 차라리 도덕을 지키며 일시적으로 적막하게 살지라도 권세에 아부하여 만고의 쓸쓸함을 취하지 말 것이다.

<u>33</u>　군자가 좋은 말과 선행을 실행하지 않으면

봄이 오고 시절이 화평하면 꽃은 더욱 화사해지고
새들도 아름다운 소리로 노래한다.
사군자士君子가 다행히 학식과 재능을 발휘하여
다시 따뜻하고 배부르게 지내면서
좋은 말을 하고 착한 일을 행할 것을 생각하지 않으면
비록 그렇게 백 년을 산다 해도 하루도 제대로 살지 못한 것과 같다.

春至時和 花尙鋪一段好色 鳥且囀幾句好音
춘 지 시 화　화 상 포 일 단 호 색　조 차 전 기 구 호 음

士君子幸列頭角 復遇溫飽 不思立好言行好事
사 군 자 행 렬 두 각　부 우 온 포　불 사 립 호 언 행 호 사

雖是在世百年 恰似未生一日
수 시 재 세 백 년　흡 사 미 생 일 일

봄철이 되어 날씨가 화창해지면 무감각한 꽃들도 한층 아름다운 빛

으로 피어나고 어린 새들도 날아와 지저귀며 맑은 소리를 낸다. 인간에 비하면 보잘것없는 것들까지도 시절을 만나면 제 기능을 펼치며 사람들과 눈과 귀를 기쁘게 해준다.

만물 중에서 가장 뛰어난 사람, 그중에서 아주 중요한 위치에 있는 사군자가 다행히 두각을 나타내어 보통 사람들 위에서 일하게 되고, 겸하여 호의호식하면서도 세상에 모범이 될 만한 좋은 말이나 본보기가 될 만한 선행을 실행하지 않는다면 어찌 꽃이나 새들에게 부끄럽지 않겠는가? 그러한 사람은 비록 이 세상을 백 년 동안 살지라도 하루도 살지 못한 것과 같다.

34 정말 청렴한 사람에게는 청렴하다는 명성이 없다

참으로 청렴한 사람에게는 청렴하다는 명성이 없다.
입신양명立身揚名하는 사람은 바로 탐함으로써 되는 것이다.
큰 재주가 있는 사람에게는 따로 교술巧術이 없다.
속임수를 쓰는 사람은 서툰 자가 되는 것이다.

眞廉無廉名 立名者正所以爲貪
진 렴 무 염 명　입 명 자 정 소 이 위 탐

大巧無巧術 用術者乃所以爲拙
대 교 무 교 술　용 술 자 내 소 이 위 졸

180

立身揚名 출세하여 이름을 세상에 알림

정말 청렴한 사람은 청렴하다는 명예를 얻으려 하지 않는다. 청렴하다는 이름을 얻는 것은 명예를 탐하는 것이니 진짜 청렴한 것이 아니다. 또 지극히 재주가 뛰어난 사람은 속임수를 쓰지 않는다. 법도에 맞는 속임수를 쓴다 할지라도 속임수란 결국 서툰 재주일 뿐이다. 그래서 '지극히 둥근 것은 모가 나지 않고, 지극히 모가 나면 곱자(矩: 원형을 그리는 자)가 필요 없다'는 옛말이 있다.

---

35 마음이 천당과 지옥을 만든다

몸과 마음이 밝으면 어두운 방 속에도 푸른 하늘이 있고
생각이 어두우면 대낮에도 귀신이 날뛴다.

心體光明 暗室中有靑天
심 체 광 명 암 실 중 유 청 천

念頭暗昧 白日下有厲鬼
염 두 암 매 백 일 하 유 여 귀

마음이 밝고 환하여 조금도 거짓이 없으면 어두운 방 안에 있어도 맑은 하늘을 대하고 있는 듯하며, 마음속이 어두워 의심하고 두려워하면

햇빛 가득한 대낮에도 어두운 굴속에 들어가 못된 귀신을 만나는 듯하다. 불경에 '마음이 천당을 만들고 마음이 지옥을 만든다'고 한 것이 이것을 의미한다.

36 선행을 하면서 남이 알아주기를 바라지 말라

악행을 저지르며 남이 알까 두려워하는 것은
악함 속에 오히려 선행의 길이 있는 것이다.
선행을 하면서 남이 알아주기를 서두르는 것은
선행이 곧 악의 근원이다.

爲惡而畏人知 惡中猶有善路
위 악 이 외 인 지 악 중 유 유 선 로

爲善而急人知 善處卽是惡根
위 선 이 급 인 지 선 처 즉 시 악 근

악행을 저지르고 남이 알까 두려워하는 사람은 악행이 옳지 못하다는 것을 알아서 부끄러움을 느끼는 것이다. 이것은 고치기 쉬운 성품이므로 개선의 길이 있다. 그러나 선행을 하면서 남이 알아주지 못할까 염려하여 서둘러 세상에 알리려는 것은 명리名利를 추구하는 욕심일 뿐이다. 이는 이욕利欲의 나쁜 근원이다.

영웅과 군자

하늘의 기밀은 헤아릴 수가 없다.
무릎을 꿇게도 하고 펴게도 하며,
펴게도 하고 꿇게도 한다.
그래서 영웅이 희롱당하고
호걸은 쓰러지는 것이다.
그러나 군자는 역경에서도 순조롭고,
편안한 곳에서도 위태로움을 생각하니
하늘이라 해도 그 기량伎倆을 펼 수가 없다.

天之機緘不測 抑而伸 伸而抑
천 지 기 함 불 측   억 이 신   신 이 억

皆是播弄英雄 顚倒豪傑處
개 시 파 롱 영 웅   전 도 호 걸 처

君子只是逆來順受 居安思危
군 자 지 시 역 래 순 수   거 안 사 위

天亦無所用其伎倆矣
천 역 무 소 용 기 기 량 의

천기天機란 조물주가 사람의 운명을 다스리며 행복과 불행을 주기도
하고 빼앗기도 하는 운용의 조화를 말한다. 천기의 운용은 매우 교묘하
고 황홀하여 사람의 지식으로는 헤아릴 수 없다. 사람의 운명을 처음에
는 꺾어 구차하게 만들었다가 다음에 다시 일어나 영화를 누리게 한다.
또 반대로 처음에는 운이 펴서 득의양양하게 만들었다면 반드시 다시

꺾어 실패를 경험하게 한다.

또한 영웅의 일생도 성공과 실패를 반복하게 하며 백 년에 한 번 나오는 호걸일지라도 쓰러뜨린다. 사상정장泗上亭長(말단 관리)이었던 유방劉邦이 단숨에 한고조漢高祖의 자리에 오르기도 했지만, 프랑스의 황제 나폴레옹은 하루아침에 몰락해서 외딴 섬에 갇힌 몸이 되기도 했다. 그러니 굽히고 펴는 조물주의 조화를 헤아리기란 극히 어려운 것이다.

그러나 군자란 역경에 부딪혔을 때 순탄하게 받아들이고 인내할 줄 알며 편안한 곳에서도 미리 위태로울 경우를 생각해 득실과 진퇴를 적절하게 처리할 수 있으니 희롱당하거나 거꾸러지지 않는다. 그래서 그 기밀을 헤아릴 수 없는 하늘도 어찌하지 못한다.

영웅과 군자의 다른 점은, 영웅은 야망과 탐욕이 강해서 운명의 희롱을 당할 수 있는 반면, 군자는 야망과 욕심이 없을 뿐만 아니라 공명정대해서 순역順逆에도 흔들림이 없고 억양抑揚을 마음먹은 대로 행할 수 있다는 것이다. 그러므로 군자의 도와 덕이 영웅의 권력과 능력보다 훨씬 낫다는 것을 능히 알 수 있다.

38 복은 구할 수 없고 화는 피할 수 없다

복은 구할 수 없다.
좋은 정신을 양성함으로써
복을 부르는 근본으로 삼을 것이다.
화는 피할 수 없다.
남을 해칠 마음을 버림으로써
화를 멀리하는 방법으로 삼을 것이다.

福不可徼 養喜神 以爲招福之本
복 불 가 요 양 희 신 이 위 초 복 지 본

禍不可避 去殺機 以爲遠禍之方
화 불 가 피 거 살 기 이 위 원 화 지 방

복을 받을 만한 이유가 있는 선한 마음을 수행하지도 않고 그저 억지로 행복한 결과만을 바란다면 복은 얻을 수 없다. 오직 선량하고 훌륭한 정신을 수양해서 그것을 복을 부르는 근본으로 삼아야 한다. 또 화禍를 부르는 나쁜 원인을 제공하면서 그에 대한 인과응보를 요행히 면할 수는 없다. 남에게 해를 끼치고 살상하려는 마음을 없애는 것만이 오직 화를 멀리하는 방법이다.

39 마음이 깊고 온화한 사람은
오래도록 두터운 복을 누린다

천지의 기운이 따뜻하면 생물이 잘 자라고 차가워지면 죽는다.
품성이 냉랭한 사람은 받을 복 또한 냉랭하다.
오직 기운이 화락하고 마음이 따뜻한 사람은
받을 복도 두텁고 오래 혜택을 누린다.

天地之氣 暖則生 寒則殺
천 지 지 기 난 즉 생 한 즉 살

故性氣淸冷者 受享亦凉薄
고 성 기 청 랭 자 수 향 역 양 박

唯氣和心暖之人 其福亦厚 其澤亦長
유 기 화 심 난 지 인 기 복 역 후 기 택 역 장

천지의 기운이 따뜻하면 생물들이 잘 자라며, 차고 서늘하면 시들고 약해진다. 사람의 성품도 이와 같다. 너무 서늘하고 까칠한 사람은 사물을 너그럽게 처리하는 넓은 마음이 없기 때문에 누릴 수 있는 복 또한 빈약할 뿐이다. 반대로 성품이 화통하며 마음이 깊고 온화한 사람은 포용하며 회유하는 자애심이 풍부하기 때문에 누릴 수 있는 복도 두텁고 그에 따른 혜택도 길게 간다.

40 천리의 길은 넓고 인욕의 길은 좁다

천리天理의 길은 매우 넓어서
이 길에서 마음을 노닐게 하면
생각이 끝없이 넓어지고 맑아짐을 깨달을 것이다.
인욕人欲의 길은 매우 좁아서
겨우 발을 붙이면 눈앞이 모두 가시밭길이요, 진흙이다.

天理路上甚寬 稍遊心 胸中便覺廣大宏朗
천 리 로 상 심 관 초 유 심 흉 중 편 각 광 대 굉 랑

人欲路上甚窄 纔寄跡 眼前俱是荊棘泥塗
인 욕 로 상 심 착 재 기 적 안 전 구 시 형 극 니 도

천리는 본연本然의 도리이다. 그 이치를 따르는 길은 아주 넓어서 거짓이나 막힘이 없다. 그러므로 사람의 마음을 항상 이곳에서 노닐게 하면 가슴속이 크게 넓어지고 시원하여 한 점의 티끌도 없게 된다.

반대로 사람의 욕심을 따르는 길은 매우 좁고 비루하다. 그러므로 이 길에 한 발을 내디디면 앞으로 나아가야 할 길이 궁하고 괴로워 가시덤불이나 진흙 길을 걷는 것과 같다. 그러니 욕심을 버리고 넓고 시원한 천리를 따라야 할 것이다.

41 참된 복과 참다운 지혜

한 번의 괴로움과 한 번의 즐거움이 서로 연마되어
그러한 연마가 지극하여 복을 이룬 자는 그 복이 비로소 오래간다.
한 번의 의심과 한 번의 믿음이 서로 참작되어
그것이 극진해서 지혜를 이룬 자는 그 지혜가 비로소 참다운 것이다.

一苦一樂相磨練 練極而成福者 其福始久
일 고 일 락 상 마 련　연 극 이 성 복 자　기 복 시 구

一疑一信相參勘 勘極而成知者 其知始眞
일 의 일 신 상 참 감　감 극 이 성 지 자　기 지 시 진

　갑자기 부자가 되거나 졸지에 얻은 복은 오래가지 않는다. 괴로움과
즐거움의 경지를 여러 번 겪어 고통의 찌꺼기를 씻어 없애고 행복의 뿌
리를 깊게 심은 후에 성취한 복이야말로 영구히 누릴 수 있다.

　또 사물을 구체적으로 연구하지 않고 단순히 피상적으로만 아는 것
은 참지식이 아니다. 한 번은 의심해보고 또 한 번은 믿는 것이 고려되
고 연구되어서 조금도 의혹을 갖지 않고 이루어낸 지식이야말로 잘못이
없는 참다운 지식이다.

　그러므로 안일하고 게으른 생각으로 분수 이외의 복이나 즐거움을
바라거나, 또 연구도 하지 않고 마음의 수양도 없이 쓸데없는 망상에
빠져 우연히 큰 깨달음을 얻으려는 사람은 어리석을 뿐이다.

42 물이 맑은 곳에는 물고기가 없다

더러운 땅에 생물이 많고,
물이 맑은 곳에는 항상 물고기가 없다.
그러므로 군자란 치욕을 참고 아니꼬운 행태도 포용해야 하며
깨끗한 것만을 좋아하고 홀로 행하는 지조는 갖지 않아야 한다.

地之穢者多生物 水之淸者常無魚
지 지 예 자 다 생 물　수 지 청 자 상 무 어

故君子當存含垢納汚之量
고 군 자 당 존 함 구 납 오 지 량

不可持好潔獨行之操
불 가 지 호 결 독 행 지 조

　더러운 땅에는 식물들이 많이 나고, 깨끗한 물에는 물고기가 모여들지 않는 법이다. 즉 군자는 너그럽고 후한 마음으로 때 묻고 더러운 사람들을 포용할 수 있어야 하며, 어리석어 사리 분별이 어두운 사람까지도 용납할 수 있는 도량으로 백성들에게 이로운 공을 세워야 한다. 그러니 너무 고고하고 독단적인 행동으로 지조를 지키거나 자신의 마음만을 흔쾌하게 하는 것은 옳지 못하다.

43 욕심은 인품을 파괴한다

사람이 오로지 사욕만을 탐하면
강한 것을 녹여 유하게 만들고,
지혜를 막아 어리석게 만들고,
은혜를 원수로 만들고,
깨끗한 것을 물들여 더럽게 만들어
사람의 인품을 무너뜨린다.
그러므로 옛사람들은
탐하지 않는 마음을 보배로 삼아 일생을 보냈다.

人只一念貪私　便銷剛爲柔
인 지 일 념 탐 사　편 소 강 위 유

塞智爲昏　變恩爲慘
색 지 위 혼　변 은 위 참

染潔爲汚　壞了一生人品
염 결 위 오　괴 료 일 생 인 품

故古人以不貪爲寶　所以度越一世
고 고 인 이 불 탐 위 보　소 이 도 월 일 세

　욕심만 채우려는 일념으로 살다 보면 그로 인해 사람의 본성이 변하게 된다. 꼿꼿하고 곧았던 마음이 차츰 유약해지고, 밝은 지혜로움이 막혀 어리석은 사람이 된다. 또한 은혜로운 마음이 변하여 참혹한 마음이 되기도 하고, 청렴했던 절개가 물들어 더럽혀져서 사람으로서의 품격이 파괴된다. 그러므로 옛 성현들은 금, 은, 옥, 비단 따위를 보배로 여기지 않았을 뿐만 아니라, 탐하지 않는 마음을 보배로 여겼다. 그렇게 함으로써 순탄한 일생을 보낼 수 있었다.

44 스스로 마음의 중심을 잡아야 미혹되지 않는다

이목耳目의 견문은 외부의 적이 되고
정욕의 의식은 내부의 적이 된다.
그러나 주인공이 스스로 경계하여 깨달아
홀로 중당中堂에 앉아 있으면
도둑이 도리어 집안사람이 된다.

耳目見聞爲外賊 情欲意識爲內賊
이 목 견 문 위 외 적   정 욕 의 식 위 내 적

只是主人公 惺惺不昧
지 시 주 인 공   성 성 불 매

獨坐中堂 賊便化爲家人矣
독 좌 중 당   적 편 화 위 가 인 의

귀는 소리를 듣고 눈은 빛을 본다. 보고 들은 것들의 경계境界가 서로를 현혹시키면 본성의 미덕을 잃게 된다. 그러므로 눈과 귀로 보고 듣는 것은 바깥의 도둑과 같다. 또 정욕의 의식은 여러 가지 망상을 일으켜 세속에 물들게 하고, 좋고 나쁜 것을 혼동하여 명백한 진리를 손상시킨다. 그러므로 정욕의 의식은 안에 있는 도둑과 같다.

그러므로 일체의 본심을 경계하고 의지하여 흐려지지 않게 하고, 마음의 중앙에 엄중하게 홀로 앉아 사물의 견제를 받지 않고 오로지 주동적인 명령을 내린다면, 안팎의 도둑들이 변화하여 오직 명령대로 따르는 한집안의 사람이 될 것이다.

45　너무 지나친 것은 오히려 좋지 않다

기상은 높고 넓어야 하지만
너무 거칠거나 소심해도 안 된다.
심사는 삼가고 치밀해야 하지만
자질구레하면 안 된다.
취미는 소박해야 하지만
지나치게 깨끗하거나 까칠하면 안 된다.
지조는 엄명嚴明해야 하지만
과격해서는 안 된다.

氣象要高曠 而不可疎狂
기 상 요 고 광　이 불 가 소 광

心思要愼細 而不可瑣屑
심 사 요 신 세　이 불 가 쇄 설

趣味要沖淡 而不可偏枯
취 미 요 충 담　이 불 가 편 고

操守要嚴明 而不可激烈
조 수 요 엄 명 이 불 가 격 렬

사람의 성품과 태도가 고결하고 활발하여 세속의 굴레에 얽매이면 안 되지만, 그렇다고 도가 지나쳐 거칠게 날뛰거나 제멋대로 굴어서도 안 된다. 또 마음은 근신하고 세밀하여 매사에 소홀히하는 실수가 없어야 하지만, 지나치게 소심하고 어수선하면 안 된다.

취미는 소박하고 담백하여 정욕에 끌리지 말아야 하지만, 지나치게 깨끗하거나 거칠면 안 된다. 지조는 준엄하고 명백해야 한다. 그래서 절의節義에 조금도 흠이 없어야 하는데 도를 벗어나 너무 과해서도 안 된다.

---

46 대나무밭에 바람이 불어도
   소리는 머물러 있지 않는다

무성한 대나무밭에 바람이 불어도
바람이 지나간 대밭에 소리는 머물러 있지 않는다.
기러기가 차가운 연못을 건너가도
기러기가 지나간 연못에 그림자는 머물러 있지 않는다.
군자는 일이 생기면 마음이 비로소 나타나고
일이 없어지면 마음을 비워야 하는 것이다.

風來疎竹 風過而竹不留聲
풍 래 소 죽   풍 과 이 죽 불 류 성

雁度寒潭 雁去而潭不留影
안 도 한 담   안 거 이 담 불 류 영

故君子事來而心始現 事去而心隨空
고 군 자 사 래 이 심 시 현   사 거 이 심 수 공

무성한 대나무밭에 바람이 불면 대나무에서 바람 소리가 난다. 그러나 바람이 지나간 뒤에 소리는 머물러 있지 않는다. 또 기러기가 차가운 연못으로 날아오면 연못 위로 기러기의 그림자가 비친다. 그러나 기러기가 날아가버리면 그림자도 머물러 있지 않는다.

군자도 사물이 내게로 오면 마음이 비로소 나타나 그 사물에 응대하지만, 사물이 지나가면 마음을 완전히 비우고 아무런 집착도 머물지 않아 모든 것이 자유자재로 응용된다.

중도의 미덕

맑으면서 능히 사물을 포용하며,

어질면서 능히 판단을 잘하며,

밝으면서 능히 지나치게 살피지 않으며,

곧으면서 능히 지나치게 바로잡지 않으면,

꿀이 너무 달지 않고 바닷물이 너무 짜지 않은 것처럼

이것이야말로 아름다운 덕이다.

淸能有容 仁能善斷 明不傷察 直不過矯
청 능 유 용　인 능 선 단　명 불 상 찰　직 불 과 교

是謂蜜餞不甛 海味不醎 纔是懿德
시 위 밀 전 불 첨　해 미 불 함　재 시 의 덕

한자풀이　餞 죽 ┃ 甛 달다 ┃ 醎 = 鹹 짜다 ┃ 懿 아름답다

깨끗한 사람의 단점은 사람에게 쉽게 아량을 베풀지 않는다는 것이다. 따라서 깨끗하지만 능히 포용하는 아량이 있어야 한다. 어질고 착한 사람의 단점은 일에 대해 결단하는 용단이 부족한 것이다. 따라서 어질면서도 능히 일을 잘 결단할 수 있어야 한다.

이치에 밝은 사람의 단점은 지나치게 자세히 살피기 쉽다는 것인데, 밝으면서도 지나치게 세심하지 않아야 한다. 강직한 사람의 단점은 바로잡기를 서둘러 용의주도하지 못하기 쉽다는 것이다. 그러므로 강직

하면서도 바로잡기를 서두르지 않는다면, 이것이야말로 꿀이 너무 달지 않고 바닷물이 너무 짜지 않은 것과 같은 중도中道의 미덕인 것이다.

48 어려운 상황 속에서도 마음만은 당당해야 한다

가난한 집에서 깨끗이 땅을 쓸고,
가난한 여자가 머리를 깨끗이 빗는다면
외형이 비록 예쁘고 아름답지 않아도
품위가 저절로 고상하고 아담하고 깨끗하다.
그러니 사군자라면 궁색하고 근심스러운 처지에 있어도
어찌 스스로 피폐하고 해이해질 수 있겠는가?

貧家淨掃地 貧女淨梳頭
빈 가 정 소 지   빈 녀 정 소 두

景色雖不艶麗 氣度自是風雅
경 색 수 불 염 려   기 도 자 시 풍 아

士君子 當窮愁蓼落 奈何輒自廢弛哉
사 군 자   당 궁 수 요 락   내 하 첩 자 폐 이 재

　가난한 집일지라도 마당에 물을 뿌려 깨끗이 쓸고, 초라한 여자라도 단정하고 깔끔하게 머리를 빗으면 비록 곱게 윤기가 나거나 화려하지는 않으나 그 소박한 외모는 멋스럽고 아담할 것이다.

196

군자가 한때 불행한 일을 당하여 궁색하고 적막한 지경에 있다 할지라도, 어찌 몸과 마음이 피폐해지고 해이해져서 절개를 지키는 일과 상도常度를 잃을 수 있단 말인가? 비록 어떻게 할 수 없는 궁색한 처지일지라도 군자라면 힘써 스스로를 새롭게 고쳐, 활발하고 재빠르게 상황을 변화시킬 수 없을지라도 마음만은 소탈하고 당당해야 하는 것이다.

가난한 집안도 마당을 깨끗하게 쓸고, 가난한 여인도 머리를 단정하게 빗는데, 어찌 천하를 다스릴 대장부가 한때의 실패를 못 견뎌 스스로 피폐해지고 해이해질 것인가?

---

49 어둠 속에서 속임수가 없으면 밝을 때 당당하다

한가할 때 헛되이 보내지 않으면
바쁠 때 유용하고
고요할 때 생각 없이 보내지 않으면
움직여야 할 때 유용하고
어둠 속에서 속임수가 없으면
밝을 때에 당당하다.

閒中不放過 忙中有受用
한 중 불 방 과 망 중 유 수 용
靜中不落空 動中有受用
정 중 불 락 공 동 중 유 수 용

暗中不欺隱 明中有受用
암 중 불 기 은 명 중 유 수 용

한가하고 일이 없을 때 시간을 헛되이 보내지 말고 미리 여러 가지 준비를 정돈해서 여유 있게 계획을 세워두면, 잠시도 쉴 틈 없이 바쁜 와중에도 번잡하거나 어수선하지 않게 된다. 고요할 때에 마른 나무나 식은 재처럼 아무런 생각 없이 보내지 말고 생기가 넘치게 되면, 시끄럽고 어수선한 가운데에서도 조용하고 담백한 태도를 지닐 수 있다.

또 어둡고 캄캄하여 아무도 보지 않아도 마음이 공평하고 털끝만큼의 거짓이 없으면 대낮이나 시장 한복판에서도 부끄럼 없이 당당할 수 있다.

50   잘못된 길에 들어섰을 때는
바로 마음을 돌이켜야 한다

생각이 시작되는 지점에서
욕망의 길을 좇고 있는 것을 깨닫거든
곧바로 돌이켜 바른길을 좇아오도록 한다.
한번 생각이 들 때 곧바로 깨달음을 얻고
한번 깨달으면 곧장 실천할 것이다.
이것이 화가 변하여 복이 되게 하고

죽은 자를 일으켜서 살아나도록 하는 열쇠이니

절대로 경솔하게 함부로 지나치지 말 것이다.

念頭起處 纔覺向欲路上去 便挽從理路上來
염 두 기 처   재 각 향 욕 로 상 거   편 만 종 이 로 상 래

一起便覺 一覺便轉
일 기 편 각   일 각 편 전

此是轉禍爲福 起死回生的關頭 切莫輕易放過
차 시 전 화 위 복   기 사 회 생 적 관 두   절 막 경 이 방 과

어떤 생각의 시초에서 충분히 반성하고 살펴 사사로운 욕심을 좇고 있다는 것을 깨달았을 때, 바로 마음을 돌이켜 바른길로 돌아오도록 한다. 사리사욕의 마음이 한번 일어나기 시작하면 즉시 깨닫고, 한번 깨달음이 오면 반드시 실천해야 한다.

이렇게 하면 욕심으로 생기는 화를 바꾸어 복을 불러오게 된다. 즉 죽을 뻔한 사람도 일으켜 살아나게 하는 열쇠가 될 것이다. 그러니 처음의 생각을 절대로 가볍게 지나쳐 보내지 말아야 한다.

51 하늘도 어찌할 수 없는 일

하늘이 내게 내린 복이 박薄하면
덕을 후하게 펼쳐 이를 맞을 것이다.
하늘이 나에게 노역勞役으로 벌을 내려도
나의 마음을 편안케 하여 보충補充할 것이다.
하늘이 내게 액阨을 내릴 때
나의 도道로 형통하게 하면 하늘이 나를 어떻게 하겠는가?

天薄我以福 吾厚吾德以迓之
천 박 아 이 복 오 후 오 덕 이 아 지

天勞我以形 吾逸吾心以補之
천 노 아 이 형 오 일 오 심 이 보 지

天阨我以遇 吾亨吾道以通之 天且奈我何哉
천 액 아 이 우 오 형 오 도 이 통 지 천 차 내 아 하 재

한자풀이 迓 마중하다

하늘이 내게 내리는 복이 야박하다 해도 나는 덕을 후하게 펼쳐서 새로운 복을 내리게 할 것이다. 또 하늘이 힘든 일로 나의 육체를 괴롭혀도 나는 내 마음을 평정시켜 육체의 노고를 덜어줄 것이다. 하늘이 내게 액운을 내릴 때 스스로 도와 덕을 갈고닦아서 액운을 헤치고 나가 운명에 순응하는 동시에 스스로를 도울 인위적인 힘을 기른다면, 비록 하늘의 기밀일지라도 나를 어떻게 할 수 없을 것이다.

200

52 사람을 알아볼 때는 후반생의 일을 본다

노래하는 기생도 나이 들어 남편을 섬기면
한세상을 희롱했던 장애가 없어지며
정결한 부인도 늙어서 정조를 잃으면
반평생 깨끗했던 절개를 모두 그르친다.
옛말에 '사람을 알아볼 때 후반생만을 본다' 했으니 참으로 명언이다.

聲妓晚景從良 一世之烟花無碍
성 기 만 경 종 량   일 세 지 연 화 무 애

貞婦白頭失守 半生之淸苦俱非
정 부 백 두 실 수   반 생 지 청 고 구 비

語云看人 只看後半截 眞名言也
어 운 간 인   지 간 후 반 절   진 명 언 야

노래와 춤으로 살았던 기녀라 할지라도 만년에 남편을 섬기는 어진 아내로서 몸가짐을 지키면 부도덕했던 지난 한평생도 이미 정조를 지킨 아녀자처럼 아무 거리낌이 없어진다. 또 젊었을 때 정조와 덕행을 굳게 지켰던 부인일지라도 나이 들어 품행을 잃으면 전반생의 깨끗하던 절개가 하루아침에 수포로 돌아간다.

따라서 사람은 지나온 초년의 삶을 돌아보지 말고, 말년의 새로운 삶을 어떻게 도모할 것인가를 생각해야 한다. '사람을 알아볼 때 후반생의 일을 본다'라는 옛말이 참으로 명언이다.

53 지위 없는 재상과 벼슬 가진 거지

평민이 즐겨 덕을 널리 펴고 은혜를 베풀면
마침내 지위는 없지만 재상이며
사대부가 겨우 권력을 탐하고 총애를 받으려 하면
마침내 벼슬을 가진 거지가 될 것이다.

平民肯種德施惠　便是無位的卿相
평 민 긍 종 덕 시 혜　편 시 무 위 적 경 상

士夫徒貪權市寵　竟成有爵的乞人
사 부 도 탐 권 시 총　경 성 유 작 적 걸 인

　평민은 벼슬이 없는 사람이며, 덕을 펼치고 은혜를 베푸는 것은 공경 재상(높은 벼슬아치)의 책임이다. 그런데 아무 벼슬이 없는 평민이 능히 재상이 해야 할 일을 행해서 은덕을 베풀면 이 사람이야말로 벼슬이 없는 재상인 것이다.

　반대로 벼슬자리에 있는 사대부가 덕을 펴고 은혜를 베풀기는커녕 한갓 권리를 탐내고 남의 도움을 받아 사사로운 욕심만 채우려 한다면, 이 사람은 벼슬자리에 있지만 거지나 다름없다.

54 군자의 위선은 소인의 악행과 같다

군자가 속임수로 선을 행하는 것은
소인이 악한 일을 제멋대로 하는 것과 다를 바 없다.
군자가 절개를 지키지 않는 것은
소인이 스스로 새로워지는 것만 못하다.

君子而詐善 無異小人之肆惡
군 자 이 사 선　무 이 소 인 지 사 악

君子而改節 不若小人之自新
군 자 이 개 절　불 약 소 인 지 자 신

학식이 높고 덕이 있는 군자가 마음속으로는 명예만을 구하고 겉으로는 위선을 행하는 것은 의식적으로 남을 속이는 범죄이다. 이것은 배움이 없어 무식하고 완고하기 그지없는 소인이 내키는 대로 악행을 저지르는 범죄와 다를 것이 없다.

또 품행이 단정한 군자가 갑자기 지조를 잃고 타락의 길로 들어서면, 몰염치하고 부도덕한 소인이 제 잘못을 뉘우쳐 스스로 새로워지는 것만 못하다.

가족의 잘못을 바로잡으려면

가족에게 과오가 있으면 마땅히 너무 드러내지도 말고
마땅히 가볍게 내버려두지도 말 것이다.
이것을 말하기 어렵다면 은유적으로 깨닫게 할 것이며
오늘 깨닫지 못하면 내일을 기다려 바로 깨우쳐야 한다.
이렇게 봄바람이 언 땅을 풀고 화창한 기운이 얼음을 녹이듯 하면
바로 모범적인 가정이다.

家人有過 不宜暴揚 不宜輕棄
가 인 유 과 불 의 폭 양 불 의 경 기

此事難言 借他事而隱諷之
차 사 난 언 차 타 사 이 은 풍 지

今日不悟 俟來日 正警之
금 일 불 오 사 내 일 정 경 지

如春風之解凍 和氣之消氷 纔是家庭的型範
여 춘 풍 지 해 동 화 기 지 소 빙 재 시 가 정 적 형 범

한집에 같이 사는 사람의 잘못은 그 허물을 지나치게 드러내게 되면
오히려 나쁜 감정을 불러일으켜 은의恩義(은혜와 덕)를 손상시키기 쉽다.
또 이를 내버려두고 모른 체하면 끝낼 방법이 없는 것이니, 너무 드러
내는 것과 내버려두는 것은 모두 잘못이다.

그러나 허물을 직접 말하기가 곤란하면 우회적으로 표현하여 저절로
깨우치게 해준다. 그렇게 하면 봄바람이 언 땅을 풀고 화창한 기운이

얼음을 녹이듯이 자연스럽게 융화된다. 이것이 바로 가정을 다스리는 모범적인 모습이다.

56 마음에 따라 보이는 것이 달라진다

내 마음이 항상 원만하게 세상을 바라보면
천하에 스스로 결함의 세계가 없고
내 마음이 항상 너그럽고 화평하면
천하에 스스로 험악한 인정이 없을 것이다.

此心常看得圓滿 天下自無缺陷之世界
차 심 상 간 득 원 만　천 하 자 무 결 함 지 세 계
此心常放得寬平 天下自無險側之人情
차 심 상 방 득 관 평　천 하 자 무 험 측 지 인 정

북극의 얼음 바다와 열대의 뜨거운 지역은 보통 사람의 눈으로는 좋아할 수 없는 곳이지만 탐험가에게는 그 가치가 빛나 보인다. 또 기이하고 험한 봉우리와 굽이굽이 흐르는 계곡은 여행하는 사람에게는 괴로움을 주는 곳이지만 지리학자의 눈에는 흥미로운 곳이다. 그러므로 좋고 나쁨에 대한 마음의 분별은 사람의 취미에 따라 달라진다.

마음이 항상 부드럽고 너그러우면 세상의 모든 것도 그에 따라서 결

함이 없을 것이고, 또 열린 마음으로 너그럽고 화평하게 선악을 막론하고 모두 포용하고 융화한다면 천하에 야박한 인정은 절대로 있을 수 없을 것이다. 불서佛書의 '삼계유심三界惟心(모든 것이 마음먹기에 달림)'이 바로 이것이다.

57 시기와 질투에 유연하게 대처하라

담박淡泊한 선비는 반드시 농염濃艶한 사람의 의심을 받고
검소한 사람은 사치한 사람의 시기를 받는다.
따라서 군자는 어떤 처지에서도 지조를 굳게 할 것이며
또한 날카로운 칼을 너무 들이대지 말 것이다.

淡泊之士 必爲濃艶者所疑
담 박 지 사　필 위 농 염 자 소 의

檢飭之人 多爲放肆者所忌
검 칙 지 인　다 위 방 사 자 소 기

君子處此 固不可小變其操履
군 자 처 차　고 불 가 소 변 기 조 리

亦不可太露其鋒鋩
역 불 가 태 로 기 봉 망

한자풀이　鋩 서슬, 칼날

206

담박하고 고결한 선비는 호화롭고 화려한 사람에게 미움을 받고, 검소하고 절약하는 사람은 방종하고 사치하는 사람의 시기를 받는다. 담박하고 검소한 선비가 이 같은 시기와 질투를 받게 되었을 때, 남의 시기 때문에 자기의 지조가 변해도 안 되지만 그렇다고 지나치게 날카로운 칼을 드러내어 시기하는 사람을 감정적으로 충동질해 화를 초래해서도 안 되는 것이다.

58 역경 속에서는 주변의 모든 것이 약이 된다

역경逆境 속에서는 주변 모든 것이 침폄鍼砭, 약석藥石이 되어
절개를 갈고닦고 몸가짐을 연마해주어도 깨닫지 못한다.
순경順境 속에서는 눈앞에 있는 모든 것이 창칼이 되어
기름을 녹이고 뼈가 부서져도 알아채지 못한다.

居逆境中 周身皆鍼砭藥石 砥節礪行而不覺
거 역 경 중　주 신 개 침 폄 약 석　지 절 려 행 이 불 각

處順境內 滿前盡兵刃戈矛 銷膏靡骨而不知
처 순 경 내　만 전 진 병 인 과 모　소 고 미 골 이 부 지

한자풀이 　鍼 의료용 침 ｜ 砥 숫돌 ｜ 銷 녹이다 ｜ 靡 쓰러지다

자기 마음대로 되지 않는 역경에 처했을 때, 자신의 주변에 있는 모든 사물이 하나같이 모두 병을 치료하는 쇠침, 돌침, 약물, 뜸이 될 수 있다. 이것들이 절개를 연마해주고 몸가짐을 닦아주는 치료제가 되는 것이다. 즉 일이 뜻대로 되지 않을 때 스스로 인내력을 키우게 되면 깨닫지 못하는 사이에 저절로 절의節義와 품행이 올곧게 되는 것이다.

그러나 반대로 하는 일마다 순조롭게 진행되면 눈앞에 가득한 사물이 모두 사람을 해치는 칼이나 창이 되어 기름을 녹이고 뼈를 부서뜨린다.

왜냐하면 마음을 편안하게 해주는 순조로운 환경은 교만과 게으름을 피우게 하여 모르는 사이에 고결한 정신과 맑고 깨끗한 기운을 잃어버리게 한다. 그러므로 동서고금에 빛나는 절개와 큰 의리는 대부분 천신만고千辛萬苦(온갖 어려움)의 역경 속에서 생기는 법이다.

또한 어리석고 우둔한 군주란 모든 것이 자기 마음대로 되는 순경 속에서 나타나는 것이다. 그러므로 사람이 순조로운 것만 좋아하고, 마음먹은 대로 이루어지지 않는 역경을 꺼려하는 것은 어리석은 생각일 뿐이다.

59 욕망이라는 불꽃은 스스로를 태워 죽인다

부유하게 성장한 사람은
즐기려는 욕망이 맹렬한 불과 같고
권세는 타오르는 불꽃과 같다.
그러니 조금이라도 청랭한 기운을 띠지 않아
그 불꽃이 남을 태우지 않으면 반드시 스스로를 태울 것이다.

生長富貴叢中的 嗜欲如猛火 權勢似烈燄
생 장 부 귀 총 중 적　기 욕 여 맹 화　권 세 사 열 염

若不帶淸冷氣味 其炎 不至焚人 必將自焚
약 부 대 청 랭 기 미　기 염　부 지 분 인　필 장 자 분

한자풀이 淸冷 맑고 차다 ｜ 嗜 즐기다 ｜ 燄 불을 댕기다

집안 대대로 부귀한 집에서 자라난 사람은 즐기려는 욕망에 만족함
이 없어 마치 맹렬한 불꽃과 같고, 권세 또한 남의 제재를 받지 않고 자
신의 분수에 맞지 않게 과시하여 마치 사나운 불길이 번져나가듯 한다.
그러므로 조금이라도 맑고 찬 기운을 띠지 않는다면, 그 욕망과 권세의
불꽃이 남을 태워 죽이거나 그렇지 않으면 반드시 제 자신을 태워 죽이
게 된다.

60 　마음이 진실하면 하늘도 움직일 수 있다

마음이 한결같이 참다우면 갑자기 서리를 내리게 할 수 있고
성벽을 무너뜨리고 쇠와 돌도 능히 뚫을 수 있다.
만일 허황된 사람이 형해形骸만을 갖추고 진재眞宰가 없으면
사람을 대할 때의 얼굴은 가증스럽고
혼자 있을 때는 그림자조차 부끄러워할 것이다.

人心一眞 便霜可飛 城可隕 金石可貫
인 심 일 진 　편 상 가 비 　성 가 운 　금 석 가 관

若僞妄之人 形骸徒具 眞宰已亡
약 위 망 지 인 　형 해 도 구 　진 재 이 망

對人 則面目可憎 獨居 則形影自愧
대 인 　즉 면 목 가 증 　독 거 　즉 형 영 자 괴

한자풀이　眞宰 도(道)의 본체인 하늘, 우주의 주재자

　　사람의 마음이 한결같이 진실하면 하늘의 조화도 움직여 5월 더위에 찬 서리가 내리게 할 수도 있으며, 견고한 성곽을 무너뜨리고 단단한 쇠와 돌을 뚫을 수도 있다. 정성이 한 곳에 이르면 없애지 못할 것이 없고 이루지 못할 것이 없다. 만일 허황된 사람이 모습은 갖추었으나 진실한 주재主宰가 없으면, 이것은 영혼만 남아있을 뿐 죽은 사람과 같은 것이다. 그러니 사람을 대할 때 그 얼굴은 거짓으로 가득 차며 혼자 있을 때는 그림자조차 부끄러워한다.

장자莊子에 이르기를 '가장 슬픈 것은 마음이 죽었을 때이다. 몸이 죽은 것은 그 다음으로 슬픈 것이다'라고 했다. 예나 지금이나 마음에 대한 생각은 한결같다.

61　인격 수양이 경지에 이르면

문장을 만들어 지극한 곳에 도달하면
특별히 기이함이 없어도 훌륭할 뿐이다.
인품을 쌓아 지극한 경지에 도달하면
특이한 것이 없이 본연本然일 뿐이다.

文章做到極處　無有他奇　只是恰好
문 장 주 도 극 처　무 유 타 기　지 시 흡 호
人品做到極處　無有他異　只是本然
인 품 주 도 극 처　무 유 타 이　지 시 본 연

문장을 구사함이 아주 능숙하여 지극한 경지에 이르면, 특별한 기교 때문이 아니라 글이 뜻하는 이상이 높고 또한 글의 배열이 순조로워 좋은 것이다. 또한 인격의 수양이 지극한 경지에 달하면 특이한 점이 있는 것이 아니라 본래의 모습으로 되돌아가는 것이다.

62 세상의 모든 구속에서 벗어나는 법

환상적인 허망함을 논하자면

부귀공명은 말할 것도 없고

육체도 천부天賦(하늘이 내린 것)일 뿐이다.

진경眞境으로 논한다면

부모형제는 물론이고

이 세상 만물이 모두 나와 일체이다.

사람이 반드시 이것을 깨닫고

참다운 진실을 얻게 되면

천하를 짊어질 수도 있고

세상의 쇠사슬에서 벗어날 수도 있다.

以幻跡言 無論功名富貴 卽肢體亦屬委形
이 환 적 언 무 론 공 명 부 귀 즉 지 체 역 속 위 형

以眞境言 無論父母兄弟 卽萬物皆吾一體
이 진 경 언 무 론 부 모 형 제 즉 만 물 개 오 일 체

人能看得破 認得眞 纔可任天下之負擔 亦可脫世間之韁鎖
인 능 간 득 파 인 득 진 재 가 임 천 하 지 부 담 역 가 탈 세 간 지 강 쇄

한자풀이 韁 고삐 | 鎖 자물쇠

　　꿈이나 환상과 같은 허망한 것에 대해 말하자면, 뜬구름처럼 나타났
다 사라지는 공명과 부귀가 환상의 흔적임은 쉽게 알 수 있다. 또한 우

리의 몸도 역시 하늘이 내게 내린 가형假形이므로 만들어졌다가 곧바로 사라지는 것이다. 따라서 살아있을 때는 노소老少의 차이가 생기지만, 죽으면 아주 없어져 흙으로 사라지는 허망한 것이다.

그러나 진경眞境의 본체에 대해 말하면, 같은 피를 나눈 부모형제는 천륜으로 맺어진 한 몸이며 삼라만상 또한 모두 똑같은 진체이다. 불경에 '중생의 국토가 모두 불성佛性이다'라고 했으며, 또 장횡거張橫渠가 '백성은 나의 동포요, 사물도 나와 같다'고 말한 것은 모두 통하는 바가 같다.

천지만물을 가상假相으로 본다면 천차만별의 환상의 흔적이지만, 진리로써 바라본다면 똑같이 평등한 본체를 가지고 있는 것이다. 사람이 이 같은 도리를 구별할 줄 알고 진정으로 깨달아 강한 정신력으로 삶과 죽음의 욕망을 포기할 수 있을 때 비로소 천하의 큰일을 감당할 수 있을 것이며, 또 평등한 달관의 경지에 이르러 애증에 얽매이지 않으면 비로소 세상의 모든 구속에서 벗어날 수 있다.

단 한 번뿐인 짧은 인생

천지는 만고萬古에 존재하지만 내 몸은 두 번 태어나지 못한다.
인생은 백 년이지만, 하루는 그저 보내버리기 쉽다.
그 사이에 태어난 것을 다행으로 여겨 즐거움을 알아야 하며,
또한 헛되이 살게 될 것을 경계해야 하는 것이다.

天地有萬古 此身不再得 人生只百年 此日最易過
천 지 유 만 고 차 신 부 재 득 인 생 지 백 년 차 일 최 이 과

幸生其間者 不可不知有生之樂 亦不可不懷虛生之憂
행 생 기 간 자 불 가 부 지 유 생 지 락 역 불 가 불 회 허 생 지 우

천지 사이에는 영원한 만고의 시간이 있으나, 내 몸은 한번 죽으면
다시 살아나지 못한다. 사람이 우주 사이에서 생활하는 시간은 백 년이
라는 짧은 기간에 불과하다. 하지만 유수처럼 흐르는 하루의 시간은 달
리는 말처럼 쉽사리 지나친다. 이렇게 두 번 다시 얻기 어려운 백 년의
시간을 살아갈 수 있는 사람은 그것을 다행으로 여겨 기뻐해야 하는 것
이다. 또 부처와 같이 삶과 죽음에 연연하지 않고 영겁의 삶을 도모하
기에 노력해야 한다. 좋은 일과 큰 사업을 이루어 그 업적을 영원히 남
기지 못하고 하는 일 없이 무의미한 생활을 한다면 살아있다 해도 죽은
것과 같다. 그러므로 일생을 헛되이 보내지 않도록 근심하고 걱정해야
한다.

64 건강하고 형편이 좋을 때 더욱 조심하라

나이 들어 얻은 질병은 모두 젊었을 때 얻은 것이며
쇠했을 때의 죄업은 모두 왕성했을 때에 지은 것이다.
그러므로 가득하고 만족함을 오래 유지하려면
군자는 더욱 삼가고 조심해야 한다.

老來疾病　都是少時招得
노 래 질 병　도 시 소 시 초 득

衰時罪業　都是盛時作得
쇠 시 죄 업　도 시 성 시 작 득

故持盈履滿　君子尤兢兢焉
고 지 영 이 만　군 자 우 긍 긍 언

　나이 들어 병에 걸리는 것은 젊었을 때 건강 돌보는 것을 소홀히 했기 때문이다. 형편이 어려워졌을 때 죄업을 받는 것은, 형편이 좋을 때 지나치게 위세를 부려서 화禍의 원인을 제공했기 때문이다. 그러므로 군자란 혈기가 왕성했을 때 건강을 잘 보호하고 유지해야 하며, 또 세력이 강할 때 그것을 잘 지키기 위해서 항상 삼가고 조심함으로써, 노후의 질병과 쇠했을 때의 죄업을 면할 수 있는 것이다.

65 사사로운 편견과 이익을 조심하라

공평한 정론에는 손을 대서는 안 된다.
한번 실수하면 후대에 부끄러움을 남기게 된다.
권세 있는 집안과 사사로운 곳에는 발을 들여놓지 않아야 한다.
한번 발을 붙이면 죽을 때까지 더러움을 남긴다.

公平正論 不可犯手 一犯手 則貽羞萬世
공 평 정 론 불 가 범 수 일 범 수 즉 이 수 만 세

權門私竇 不可着脚 一着脚 則玷汚終身
권 문 사 두 불 가 착 각 일 착 각 즉 점 오 종 신

공평무사한 정의로운 논리에 사사로운 편견을 제기해서 이를 어기면
안 된다. 한번 실수를 범하면 후대에까지 부끄러움을 남기게 된다. 또
권세 있는 집안이나 사사로운 욕심을 탐하는 곳에는 발을 들여놓지 말
아야 한다. 한번 발을 들여놓으면 죽을 때까지 오점을 씻을 수 없다.

그러므로 정의를 무시하고 권세 있는 집에 아첨하여 사사로운 이익
을 도모하려는 가련한 사람은 역사에 남을 수치와 죽을 때까지의 더러
움을 두려워해야 할 것이다.

66 의지와 상관없는 일

의지와 상관없이 남을 기쁘게 하는 것은
지조를 굳게 지켜서 남의 꺼림을 받는 것만 못하다.
착한 일을 한 것 없이 칭찬을 듣는 것은
나쁜 짓을 한 일 없이 남의 비방을 받는 것만 못하다.

曲意而使人喜 不若直節而使人忌
곡 의 이 사 인 희   불 약 직 절 이 사 인 기

無善而致人譽 不如無惡而致人毀
무 선 이 치 인 예   불 여 무 악 이 치 인 훼

남을 기쁘게 하는 것은 궂은 일이 아니다. 그러나 자기의 의사를 숨기고 남을 기쁘게 하는 것은 옳지 못하다. 남으로 하여금 나를 꺼리게 하는 것은 좋은 일이 아니다. 그러나 자기의 행동이 정직함에도 불구하고 까닭 없이 남이 나를 비난하는 것이면 상대에게 잘못이 있는 것이다. 그러므로 내 뜻과 상관없이 남을 기쁘게 하는 것은 절개를 굳게 지켜 남의 꺼림을 받는 것만 못하다.

또 남의 칭찬을 받는 것이 나쁜 일은 아니다. 그러나 좋은 일을 실천하지 않고 허황된 칭찬을 받는 것은 온당치 못하다. 남의 비방을 듣는 것은 좋은 일이 아니다. 하지만 실제로 나쁜 일을 하지 않았는데도 그릇된 비방을 듣는 것은 비난하는 사람에게 잘못이 있는 것이다. 그러므로 훌륭한 덕행을 실천하지도 않고 거짓된 칭찬을 받는 것은 잘못이 없이 남의 비방을 받는 것만 못하다.

67 친구의 잘못을 그냥 넘기지 말라

혈육이 변을 당했을 때는
당연히 냉정해야 하며 지나치게 격렬하면 안 된다.
벗과 사귀며 일이 생겼을 때는
당연히 적절해야 하며 우물쭈물 넘기면 안 된다.

處父兄骨肉之變 宜從容 不宜激烈
처 부 형 골 육 지 변　의 종 용　불 의 격 렬

遇朋友交遊之失 宜剴切 不宜優遊
우 붕 우 교 유 지 실　의 개 절　불 의 우 유

혈육은 천륜으로 맺어진 아주 가까운 사이이다. 따라서 갑작스러운
변을 당하면 심경의 변화가 급격해진다. 그러나 삼세번을 생각하고 생
각하여 냉정하게 처신해야 한다. 지나치게 격한 감정에 휩싸이면 생각
지도 않은 잘못을 저지르거나 후회할 판단을 하게 된다.

또 친구를 사귈 때는 자신에게 해가 되는 사람은 버리고 유익한 사람
을 취하게 되므로, 이것은 천륜으로 맺어진 부모형제 사이와는 다르다.
친한 벗의 잘못을 알게 되었을 때는 미약한 잘못이면 즉시 충고해서 고

치도록 하고, 부도덕한 큰 잘못이면 즉시 친구 사이를 끊어버리는 것도 좋은 방법이다. 이렇게 잘못에 대해 분명하게 대처하지 않고 그대로 넘겨버리면 그 과오에 자신도 연루되기 쉽다.

68 진정한 영웅

작은 일도 소홀히 처리하지 않고
모르는 사이라도 속이지 않으며
끝까지 긴장하는 것이
곧 진정한 영웅이다.

小處不滲漏 暗中不欺隱
소 처 불 삼 루 암 중 불 기 은

末路不怠荒 纔是眞正英雄
말 로 불 태 황 재 시 진 정 영 웅

영웅의 모습도 서로 많이 달라 장점도 있고 단점도 있다. 대부분은 마음이 소박하고 임기응변에 능하며 긍정적인 욕망을 가지고 있는 것이 비슷하다. 그러나 소박한 사람은 사소한 일을 소홀하게 다루기 쉽고, 임기응변에 능한 사람은 공을 이룬 뒤에 안일하고 게을러지기 쉽다.

그러므로 작은 일에도 살얼음을 밟듯 조심하고 소홀함이 없어야 하며, 알지 못하는 사람을 대할 때도 귀빈을 대하듯 공경하며 숨김이 없어야 하고, 끝에 이르러도 처음의 마음 자세로 항상 최선을 다하고 게으름이 없어야 한다. 이렇게 해야 완전무결한 영웅이다.

69 절개 있는 사람

기이한 것에 놀라고 이상한 것을 좋아하는 사람은
결코 원대한 뜻을 품을 수 없다.
어려운 환경에서도 꿋꿋한 절개로 홀로 있는 사람은
오래도록 지조를 지킬 수 있어야 한다.

驚奇熹異者 終無遠大之識
경 기 희 이 자 종 무 원 대 지 식

苦節獨行者 要有恒久之操
고 절 독 행 자 요 유 항 구 지 조

　기괴하고 이상한 일은 경박하고 어리석은 사람의 눈과 귀를 놀라게 할 뿐이다. 그러므로 기이한 일을 좋아하는 사람은 의지가 박약하고 결단력도 없다. 그래서 눈앞의 일에 따라 변화가 심해 확고하고 원대한 뜻을 가질 수 없다. 또한 맑고 고독한 절개와 지조는 실행하기가 고달프며 차마 볼 수 없을 정도로 비참하여 오래 유지하는 것이 쉽지 않다.

따라서 때때로 온화하고 고요한 생각을 끊임없이 하며 그 지조를 오래도록 보존해야 한다.

분노와 정욕에 휘둘리지 말라

불같은 분노와 물결처럼 힘찬 욕망이 끓어오를 때
분명히 알아야 하고 또 분명히 실천해야 한다.
아는 것은 누구이며, 실천하는 것은 누구인가?
여기에서 열성적으로 생각을 바꾸면 악마가 곧 주재자로 변하는 것이다.

當怒火慾水正騰沸時 明明知得 又明明犯著
당 노 화 욕 수 정 등 비 시 명 명 지 득 우 명 명 범 저

知得是誰 犯著又是誰
지 득 시 수 범 저 우 시 수

此處能猛然轉念 邪魔便爲眞君矣
차 처 능 맹 연 전 념 사 마 편 위 진 군 의

화염처럼 타오르는 분노와 물결처럼 힘찬 정욕이 끓어오를 때 분노와 정욕을 분명하게 깨닫고 또 이 분노와 정욕을 분명하게 침범해야 한다. 이때 깨달음에 이른 사람과 이에 대처하는 사람이 각각 다른 사람이 아니다. 분노와 정욕 그리고 깨닫는 것과 대처하는 것이 서로 다른 생각이 아니라 오로지 일념에 의한 경거망동일 뿐이다.

그러므로 이것을 전력을 다해 궁리하고 깨달아서 망령된 생각을 돌이킬 수 있으면, 분노와 정욕에 휘둘리는 마귀가 아니라 굳건한 주재자가 될 것이다. '한 번 생각을 돌이키면 번뇌가 곧 부처의 깨달음에 이른다'는 옛말이 바로 이러한 의미이다.

71　나의 장점으로 남의 단점을 말하지 말라

치우쳐 믿어 간사한 마음에 속지 말며
스스로 잘한다 하여 지나친 객기를 부리지 않는다.
나의 장점으로 남의 단점을 말하지 말고
나의 졸한 것으로 남의 능한 것을 시기하지 않는다.

毋偏信而爲奸所欺　毋自任而爲氣所使
무 편 신 이 위 간 소 기　무 자 임 이 위 기 소 사

毋以己之長而形人之短　毋以己之拙而忌人之能
무 이 기 지 장 이 형 인 지 단　무 이 기 지 졸 이 기 인 지 능

남의 말을 지나치게 믿는 사람은 간교한 자에게 속기 쉽다. 또 일을 잘한다고 자부하는 사람은 지나친 행동을 하기 쉽다. 나의 장점을 자랑하다 보면 남의 단점을 쉽게 드러내게 된다. 자신의 둔한 어리석음을 감추려 하다 보면 남의 재능을 시기하기 쉽다. 그러므로 사람은 이러한

과오를 자주 저지르면 안 된다.

72 남의 단점은 감싸주고 드러내지 말라

남의 단점은 정성스레 감싸줘야 한다.
만일 남의 단점을 드러내 보이면
이것은 단점으로 단점을 공격하는 것이다.
남의 미숙한 점은 잘 깨우쳐줘야 한다.
만일 이를 화를 내며 미워하면
이것은 나의 미숙함으로 남의 미숙함을 고치려는 것과 같다.

人之短處 要曲爲彌縫
인 지 단 처 요 곡 위 미 봉

如暴而揚之 是以短攻短
여 폭 이 양 지 시 이 단 공 단

人有頑的 要善爲化誨
인 유 완 적 요 선 위 화 회

如忿而嫉之 是以頑濟頑
여 분 이 질 지 시 이 완 제 완

한자풀이 誨 가르치다

남의 단점은 곧 나의 단점이다. 그러니 남의 단점을 드러내면 나의 단점도 드러내는 것과 같다. 또 남의 미숙함은 곧 나의 미숙함이다. 그러니 남의 미숙함을 화를 내며 미워한다면 결과적으로 나의 미숙함을 인정하는 것이다.

그러므로 남의 단점을 감싸주는 것은 관용의 덕을 베푸는 것이지만, 단점을 폭로하고 마구 떠들어댄다면 그것은 나의 단점으로 남의 단점을 공격하는 것이다. 또 미련한 자를 깨우쳐주면 이것은 겸손과 인내를 보여주는 것이지만, 화내고 미워하는 것은 나의 어리석음으로 남의 어리석음을 깨치려는 것과 같으니 어떻게 일을 바로잡을 수 있겠는가?

73   아무에게나 마음을 드러내지 말라

침묵하여 말하지 않는 선비를 만나면
나도 마음을 주지 말아야 한다.
발끈 성내며 스스로 잘난 체하는 사람을 보면
나도 반드시 입을 다물어야 한다.

遇沈沈不語之士 且莫輸心
우 침 침 불 어 지 사 차 막 수 심

見悻悻自好之人 應須防口
견 행 행 자 호 지 인 응 수 방 구

침묵을 지키며 자신의 마음을 밖으로 드러내지 않는 사람은 마음속 깊은 곳에 어떤 심사를 숨기고 있는지 알 수가 없다. 이런 사람에게 내 마음을 쉽게 보여주면 간혹 예측할 수 없는 화를 당할 수 있으니 마음을 주지 말아야 한다.

화를 자주 내고 스스로 잘난 체하여 남의 옳고 그름을 말하기 좋아하는 사람에게 내 속마음을 죄다 보여주면 그 말을 남에게 누설하여 어떤 해를 당할지 모른다. 그러므로 이런 사람 앞에서는 입을 다물고 속을 털어놓지 말아야 한다.

세상 사람들의 인정이 이렇게 험하니 쉽게 마음을 허락할 수 없는 것이다.

74 긴장될 때는 마음을 열어라

생각이 혼미하고 산만할 때에는 성찰이 필요하다.
마음이 긴장될 때에는 마음을 열어야 한다.
그렇지 않으면 혼미함은 없어지지만
마음이 안정되지 않는 병이 생길까 걱정된다.

念頭昏散處 要知提醒 念頭喫緊時 要知放下
염 두 혼 산 처 요 지 제 성 염 두 끽 긴 시 요 지 방 하

不然 恐去昏昏之病 又來憧憧之擾矣
불연 공거 혼혼 지병 우래 동동 지요 의

생각이 혼미하고 산만할 때에는 정신을 집중하여 성찰할 필요가 있다. 마음이 각박하고 긴장될 때에는 흔쾌히 마음을 열 필요가 있다. 그렇지 않고 다만 깨우치기에만 급급하면 혼미했던 생각은 없어질지 모르지만, 마음을 열지 않아서 불안하고 우울해지는 병이 생긴다.

75 천지의 변화에는 막힘이 없다

갠 날의 푸른 하늘도
홀연히 변하여 번개와 천둥이 되고
매서운 바람과 세찬 비도
홀연히 그쳐 밝은 달과 맑은 하늘이 된다.
그러니 기상氣象의 기미가 어찌 조금이라도 응체凝滯하며
우주의 움직임이 어찌 잠시라도 막힐 것인가?
사람의 몸과 마음도 반드시 이와 같아야 한다.

霽日靑天 倏變爲迅雷震電
제 일 청 천 숙 변 위 신 뢰 진 전

疾風怒雨 倏轉爲朗月晴空
질 풍 노 우 숙 전 위 낭 월 청 공

氣機何嘗一毫凝滯 太虛何嘗一毫障蔽
기 기 하 상 일 호 응 체　 태 허 하 상 일 호 장 폐

人之心體 亦當如是
인 지 심 체　 역 당 여 시

한자풀이　 焂 홀연히 ｜ 滯 막히다 ｜ 蔽 덮다

구름 한 점 없이 갠 날의 푸른 하늘도 순식간에 번개와 천둥이 치는 날씨로 변할 수 있으며, 세찬 바람과 소나기도 갑자기 그쳐 밝은 달빛과 맑고 깨끗한 하늘을 드러내기도 한다. 이렇게 기상의 순환으로 인해 일어나는 여러 가지 형상에 일정한 법칙은 없다.

그러니 천지의 변화에는 털끝만큼의 막힘이 존재하지 않으며, 광막한 우주에는 조금도 장애가 있을 수 없다. 그러므로 예측할 수 없는 기상의 변화에 순응할 뿐이다.

사람의 마음 바탕도 이와 같아서 털끝만큼의 막힘이나 장애가 없어야 하나 욕망의 다양함이 존재한다. 만일 욕망이 일으키는 천만 가지의 망령된 생각을 없앨 수 있다면 티끌 하나 움직이지 않는 마음의 바탕이 나타날 것이다.

안일함과 게으름은 몸과 마음을 해친다

예사롭지 않은 곤궁함은
호걸을 단련시키는 도가니와 쇠망치이다.
단련을 능히 감당하는 사람은
몸과 마음에 이롭고
단련을 감당하지 못하는 사람은
몸과 마음이 손상될 것이다.

橫逆困窮 是煅煉豪傑的一副爐鎚
횡 역 곤 궁 시 단 련 호 걸 적 일 부 노 추

能受其煅煉者 則身心交益
능 수 기 단 련 자 즉 신 심 교 익

不受其煅煉者 則身心交損
불 수 기 단 련 자 즉 신 심 교 손

한자풀이 鎚 쇠망치

　도가니와 쇠망치는 금과 옥을 단련시키는 연장이다. 범상치 않은 곤궁은 호걸 같은 큰 인물을 단련시키는 도가니와 쇠망치라고 말할 수 있다. 금과 옥이 갈고 다듬어진 뒤에 순결하게 빛나는 보배가 되듯이, 호걸도 예사롭지 않은 곤궁을 여러 차례 겪어야 겨우 살아나게 되며 한 번 따뜻하면 열 번은 추워야 하는 처지를 겪은 다음에 위대한 공을 이루게 되는 것이다.

그러므로 능히 그 단련을 받은 사람은 몸과 마음이 모두 유익하게 될 것이며, 그 단련을 받지 않고 안일하게 게으름만 피우면 몸과 마음이 모두 해를 입게 될 것이다. 세상에 태어나 고난을 호랑이처럼 무서워하고 안일을 엿처럼 탐내는 구차한 아녀자 같은 소인들은 반성해야 한다.

77 조심하고 경계해야 할 것

남을 해치려는 마음이 있으면 안 되지만
남을 막으려는 마음이 없으면 안 된다.
이것은 마음이 허술해지는 것을 경계하는 것이다.
차라리 남에게 속을지언정
남의 간사함을 거슬러 막지는 말아야 한다.
이것은 헤아려 살피지 못할까 경계하는 것이다.
두 가지가 병존하면 맑고 깨끗하고 너그러워질 것이다.

害人之心不可有 防人之心不可無 此戒疎於慮者
해 인 지 심 불 가 유 방 인 지 심 불 가 무 차 계 소 어 려 자

寧受人之欺 毋逆人之詐 此警傷於察者
영 수 인 지 기 무 역 인 지 사 차 경 상 어 찰 자

二語并存 精明渾厚矣
이 어 병 존 정 명 혼 후 의

남에게 해를 끼치려는 마음이 있어서도 안 되지만, 남이 나를 해치고자 할 때 막을 마음이 없어서도 안 된다. 이것은 미리미리 준비하는 마음을 빈틈없이 경계하기 위해서이다. 또 차라리 남에게 기만을 당할지언정 상대의 간사한 마음을 앞질러 살펴 거슬러 막지 말아야 한다. 이것은 지나치게 감시함으로써 자신의 후덕한 모습이 손상될 것을 경계하는 것이다.

이 두 가지의 의미가 나란히 존재하여 한쪽으로 치우치지 않으면 모든 생각이 밝아지고, 따뜻하고 덕이 많은 사람이 될 것이다.

78 사람들이 믿지 못한다고 자신의 의견을 포기하지 말라

여러 사람이 믿지 못한다고 내 의견을 버리지 말고
내 뜻만 믿고 남의 말을 기피하지 말라.
사소한 은혜로 큰 뜻을 손상시키지 말고
공론公論을 빌려 사사로운 감정을 위로하지 말라.

毋因群疑而阻獨見 毋任己意而廢人言
무 인 군 의 이 조 독 견 무 임 기 의 이 폐 인 언

毋私小惠而傷大體 毋借公論而快私情
무 사 소 혜 이 상 대 체 무 차 공 론 이 쾌 사 정

위인이나 사상가들의 독창적인 주장에 대해 보통 사람들은 종종 의구심을 갖는다. 그러나 여러 사람들이 믿지 못한다고 해서 자신의 의견을 포기하면 안 된다. 자신있게 주장할 수 있는 확고한 의견이 있으면 여러 사람의 의견과 맞서서 용감히 실행해야 한다. 위대한 발명가나 혁명가는 모두 자신의 독자적인 의견을 결행한 결과가 아니었던가? 콜럼버스는 천만인의 반대를 물리치고 갖은 고생 끝에 아무도 해낼 수 없었던 탐험을 성공하여 아메리카라는 황금의 세계를 발견했다.

그러나 자기 혼자만의 주장을 실행할 때 다른 사람의 의견도 고려하여 올바른 의견은 받아들이려고 노력해야 한다. 자신의 의사만을 따르고 남의 말은 폐기하는 태도는 절대 옳지 못하다.

영웅호걸의 웅장한 계획이 하루아침에 실패하는 이유도 종종 자신의 주장만을 믿고 남의 말을 헤아려 생각하지 않기 때문이니 어떻게 조심하지 않을 수 있겠는가? 또 사소한 은혜를 베풀어 도의를 상실하지 말아야 하며, 여러 사람들의 공로를 이용하여 자신의 사사로운 욕심을 채워서는 안 된다.

79 군자는 반드시 혼자 있을 때를 조심한다

청천백일 같은 절의節義는
어두운 방 안에서부터 시작되는 것이며
하늘을 돌리고 땅을 움직일 수 있는 경륜經綸은
깊은 물에 다다르고 얇은 얼음을 밟으며 만들어지는 것이다.

青天白日的節義　自暗室屋漏中培來
청 천 백 일 적 절 의　자 암 실 옥 루 중 배 래

旋乾轉坤的經綸　從臨深履薄中操出
선 건 전 곤 적 경 륜　종 임 심 이 박 중 조 출

한자풀이　青天白日 맑은 하늘에 밝게 비치는 해

옥루屋漏는 방의 서북쪽 모퉁이 곧 깊숙한 장소이다. 즉 남이 보지 않는 어두운 곳에서는 옳지 못한 일을 하면서, 대낮에 여러 사람들 앞에서 그러한 행동은 숨기고 잘한 것만 드러낸다면, 이것은 일시적인 위선이므로 좋은 결과를 얻을 수 없다.

그러므로 청천백일 같은 광명정대한 대의大義는 어두운 방구석에서부터 시작되는 것이다. '군자는 반드시 혼자 있을 때를 삼간다'와 '군자는 좁은 방 모퉁이를 부끄러워하지 않는다'는 이와 같은 의미이다.

또 하늘과 땅을 움직이고 돌리는 경륜은 반드시 호방豪放한 생각에서 나오는 것이 아니라 깊은 연못에 다다르고 얇은 얼음을 밟듯이 삼가야 이루어지는 것이다.

80 당연히 지켜야 할 도리

어버이는 인자하고 자식은 효도하며
형제의 우애가 돈독하고 서로 공경하는 것은
아무리 지극해도 당연한 일이니
털끝만큼도 감동할 일이 아니다.
만일 은혜를 베푸는 사람이 스스로 덕이 있다고 생각하고
받는 사람이 은혜를 느낀다면
그저 지나가는 행인의 일이며 저잣거리의 도리일 뿐이다.

父慈子孝兄友弟恭 縱做到極處
부 자 자 효 형 우 제 공   종 주 도 극 처

俱是合當如是 着不得一毫感激的念頭
구 시 합 당 여 시   착 부 득 일 호 감 격 적 염 두

如施者任德 要者懷恩 便是路人 便成市道矣
여 시 자 임 덕   요 자 회 은   편 시 노 인   편 성 시 도 의

　부모가 자식을 사랑하고 자식이 부모를 효로 섬기며, 형이 아우를 사
랑하고 아우가 형을 공경하는 것은 당연히 지켜야 할 사람의 도리이다.
이러한 도는 지극하게 실천한다 해도 모두 당연한 일로 조금도 감격스

러운 일이 아니다. 그런데 만일 부모형제가 사랑을 베풀고 특별한 은혜를 내린 것처럼 생각하거나, 효와 공경을 실천하는 자식이나 아우가 자신이 마땅히 해야 하는 것을 모르거나, 은혜를 베풀며 자신이 덕이 있는 사람이라 여기고 또한 이것을 받는 사람이 은혜롭게 생각한다면, 이것은 길 가는 사람이나 시장에 모인 장사꾼들이 하는 행태이니 이것을 어찌 부자와 형제 사이의 윤리라 할 수 있겠는가?

---

81 부자의 인심이 더 쉽게 변하고
혈육 사이의 질투가 더 심하다

염량炎凉의 태도는 부자가 가난한 사람보다 심하고
질투심은 외인外人보다 혈육 사이가 더 심하다.
만일 차가운 심장으로 대면하고
평화로운 기운으로 맞서지 않으면
날마다 번뇌에 시달려야 할 것이다.

炎凉之態 富貴更甚於貧賤
염 량 지 태 부 귀 경 심 어 빈 천

妬忌之心 骨肉尤狠於外人
투 기 지 심 골 육 우 한 어 외 인

此處若不當以冷腸 禦以平氣 鮮不日坐煩惱障中矣
차 처 약 부 당 이 냉 장 어 이 평 기 선 불 일 좌 번 뇌 장 중 의

한자풀이 炎凉 더위와 추위 ㅣ 狠 사납다 ㅣ 禦 맞서다

덥고 서늘한 것은 계절의 변화이다. 계절이 변하듯 하는 인심은 부유한 사람이 가난한 사람보다 오히려 더 심하다. 또한 아무 관계없는 사람들보다 혈육 사이에 질투심이 더 심한 것은 당연한 이치이다. 사람이 불행하게도 이러한 경우를 당하면 냉정한 심장과 평온하고 담담한 도량으로 처리해야 할 것이다. 만일 그렇지 못하면 날마다 마귀 같은 번뇌에 시달리게 될 것이다.

82 공과 허물은 분명히 하되
은혜와 원수는 구별하지 말라

공과 허물은 당연히 혼동해서는 안 된다.
이것을 혼동하는 사람은 게을러진다.
은혜와 원수는 너무 낱낱이 헤아리지 말아야 한다.
지나치게 밝히려고 하면 사람이 두 마음을 갖게 된다.

功過不宜小混 混則人懷惰隳之心
공 과 불 의 소 혼   혼 즉 인 회 타 휴 지 심

恩仇不可太明 明則人起携貳之志
은 구 불 가 태 명   명 즉 인 기 휴 이 지 지

한자풀이 墮 무너뜨리다

공로와 허물은 혼동해서는 안 된다. 이것을 분명히 구별해서 공이 있는 사람에게는 상을 주고 죄가 있는 사람에게는 벌을 주어야 한다. 만일 이것을 혼동해서 공이 있는데 상을 주지 않으면 힘써 일하려는 마음을 잃어버리며, 허물이 있어도 벌을 주지 않으면 걱정하는 마음이 해이해져서 게으름을 피운다.

은덕과 원수는 너무 분명하게 구별하지 말고 다 같이 인정이 넘치는 마음으로 대해야 한다. 만일 은덕 있는 사람과 원수를 명백하게 구별하여, 원한을 품고 있는 사람에게 가혹하게 대하면 그 사람은 더욱 두려워하여 딴 마음을 품게 된다.

한고조가 천하를 얻었을 때 원수 중에서 제일 미운 옹치雍齒를 높은 벼슬에 봉하여 여러 신하들이 품고 있는 의구심을 없애 반역하려는 마음을 막은 것은 이러한 도리를 깨달음에 있다.

악은 드러내고 선은 드러내지 말라

악은 음陰을 꺼리고 선은 양陽을 꺼린다.
악이 드러나면 화가 얕고 은폐되면 화가 깊다.
선이 드러나면 공이 작고 숨겨지면 공이 크다.

惡忌陰 善忌陽
악 기 음 선 기 양

故惡之顯者禍淺 而隱者禍深
고 악 지 현 자 화 천 이 은 자 화 심

善之顯者功小 而隱者功大
선 지 현 자 공 소 이 은 자 공 대

나쁜 짓은 몰래 숨겨지지 않고, 착한 일은 밝게 드러나기를 싫어한
다. 악한 일이 드러나면 법으로 제재하거나 충고하여 고치기 쉽기 때문
에 큰 화를 입지 않는다. 그러나 악한 일을 숨겨두면 외물의 제재를 받
지 않고 안으로 점점 커져서 마침내 헤아릴 수 없는 죄악에 빠져들어 상
상도 할 수 없는 큰 불행을 당하게 된다.

반대로 착한 일은 밖으로 드러나면 그 공이 작아지고 숨겨지면 그 공
이 크다. 예를 들어 백 번 싸워 백 번 모두 이기는 공보다 싸우지 않고
이기는 공이 더욱 큰 것이다.

84 재주보다 덕이 중요하다

덕이란 재주의 주인이요 재주란 덕의 종이다.
재주가 있고 덕이 없으면
집에 주인은 없고 종이 제 맘대로 하는 것과 같으니
어떻게 도깨비가 들끓지 않겠는가?

德者才之主 才者德之奴
덕 자 재 지 주　재 자 덕 지 노

有才無德 如家無主而奴用事矣
유 재 무 덕　여 가 무 주 이 노 용 사 의

幾何不魍魎猖狂
기 하 불 망 량 창 광

한자풀이 魍 도깨비 ｜ 魎 도깨비 ｜ 猖 미쳐 날뛰다

　도덕과 재주를 비교하면 덕은 마치 주인과 같고 재주는 종과 같다.
그러므로 오로지 재주만 있고 덕이 없으면 집에 주인은 없고 종들이 집
안일을 제 맘대로 하여 질서가 없는 것과 같다. 그러니 도깨비가 어지
럽게 날뛰는 것처럼 된다.
　덕이 없는 사람이 재주를 믿고 일을 행하면 낭패를 본다. 천하의 재
주가 뛰어난 사람들도 덕을 닦아야 한다.

85 군자는 말 한마디로 사람을 구한다

사군자는 가난하여 재물로 남을 도울 수 없다.
그러나 남의 어리석음을 말 한마디로 깨우쳐주며
남이 급하고 어려운 일을 당했을 때
말 한마디로 도움을 준다면 이것은 헤아릴 수 없이 큰 덕이다.

士君子 貧不能濟物者
사 군 자 빈 불 능 제 물 자

遇人痴迷處 出一言提醒之
우 인 치 미 처 출 일 언 제 성 지

遇人急難處 出一言解救之 亦是無量功德
우 인 급 난 처 출 일 언 해 구 지 역 시 무 량 공 덕

사군자는 빈궁해서 돈이나 곡식으로 남을 구제하지 못하는 사람이
다. 그러나 어리석은 사람을 만났을 때 말 한마디로 그 어리석음을 깨
우쳐주고, 말 한마디로 급작스러운 고난과 시련을 겪는 사람을 구제해
줄 수 있다면 이것은 고통받는 중생을 구하고 즐거움을 줄 수 있는 역량
이므로 무량한 공덕이다.

남을 탓하는 마음은 악의 근원이다

제 몸을 수양하는 사람에게는 어떤 일이든 약석藥石이 된다.
남을 탓하는 사람에게는 모든 생각이 창과 칼이다.
하나는 여러 가지 착한 일을 열어주고
하나는 모든 악의 근원으로 향하니
하늘과 땅만큼이나 차이가 있다.

處己者 觸事 皆成藥石
처 기 자　촉 사　개 성 약 석

尤人者 動念 卽是戈矛
우 인 자　동 념　즉 시 과 모

一以闢衆善之路 一以濬諸惡之源 相去霄壤矣
일 이 벽 중 선 지 로　일 이 준 제 악 지 원　상 거 소 양 의

한자풀이 藥石 약과 침 | 濬 통하다

　어떤 일에 실패한 뒤에 그 원인을 찾아서 스스로를 반성하는 사람은,
무슨 일을 당하든 약과 침으로 병을 고치고 몸을 단련하듯 실수하지 않
을 지혜와 덕을 기른다. 그러나 자신의 잘못을 반성하지 않고 하늘을
원망하거나 남을 탓하는 사람은, 마음을 움직일 때마다 그것이 모두 남
을 해치는 창과 칼이 된다. 앞의 한 가지 마음은 선한 길을 열어주는 것
이며, 뒤의 한 가지 마음은 모든 악의 근원으로 통하는 길이다. 이러한
차이가 하늘과 땅만큼 현격하니 어떻게 헤아리지 않을 수 있겠는가?

시간이 흘러도 변함없는 정신과 지조

사업과 글은 몸을 따라 소멸하나 정신은 시간이 흘러도 새롭다.
공명과 부귀는 세상을 따라 옮겨가지만 지조는 천 년이 하루처럼 변함없다.
따라서 군자는 저것으로써 이것을 바꾸지 않을 일이다.

事業文章隨身消毀 而精神萬古如新
사 업 문 장 수 신 소 훼   이 정 신 만 고 여 신

功名富貴逐世轉移 而氣節千載一日
공 명 부 귀 축 세 전 이   이 기 절 천 재 일 일

君子信不當以彼易此也
군 자 신 부 당 이 피 역 차 야

위대한 공과 신묘한 글은 몸이 죽으면 그 몸을 따라서 소멸되지만, 성인이나 위인이 남긴 정신은 오랜 시간이 흘러도 없어지지 않고 더욱 새로워진다. 대단한 명예와 호화로운 부귀는 세상 운수에 따라 흘러가는 것이지만, 충신열사(충성과 신의를 지키는 신하)의 군건한 절의는 천 년이 흘러도 하루처럼 변함이 없다. 이것은 동서고금에 통하는 진리이다. 그러나 현실에서 인간의 욕망이 그것을 실천하지 못하고 있다. 따라서 군자라면 사업, 글, 공명, 부귀를 얻기 위해 이러한 정신과 절의를 버려서는 안 된다.

88 자신의 지혜를 지나치게 믿지 말라

고기 그물을 치니 기러기가 걸려들고
벌레를 잡아먹는 사마귀 뒤에서 참새가 또 그 뒤를 노린다.
틀 속에 틀이 감추어져 있고, 변變이 또 다른 변을 낳는 것이니
지혜와 슬기로움을 어떻게 믿을 것인가?

魚網之設 鴻則罹其中
어 망 지 설   홍 즉 리 기 중

螳螂之貪 雀又乘其後
당 랑 지 탐   작 우 승 기 후

機裏藏機 變外生變 智巧何足恃哉
기 리 장 기   변 외 생 변   지 교 하 족 시 재

한자풀이 雀 참새 | 罹 걸리다 | 螳 사마귀 | 螂 = 蜋 사마귀

고기 그물을 치는 것은 물고기를 잡으려는 것인데 기러기가 걸려들
때가 있다. 이것은 물고기를 잡는 틀 속에 기러기를 잡는 틀이 감추어
져 있는 것이다. 사마귀가 벌레를 잡아먹는 것은 벌레가 당하는 불행이
다. 그런데 그 사마귀를 참새가 노려 잡아먹으려 한다. 이것은 벌레가
당하는 뜻밖의 불행이 사마귀의 불행으로 이어지는 것이다.

이것이 바로 틀 속에 틀이 숨겨져 있는 것이며 변고 밖에서 또 다른
변고가 생기는 것이다. 즉 기러기와 사마귀에게 비록 지혜가 있을지라
도 틀 속에 숨겨 있는 틀과 변고 밖에서 일어나는 변고를 벗어날 수는

없다. 사람이 일을 할 때의 임기응변臨機應變도 이와 같다. 즉 사람의 지혜를 한량없이 믿을 수는 없는 것이다.

---

89   진실한 마음과 지혜

인격을 형성하는 데 한 점의 진실과 간절함이 없으면
문득 하나의 인형일 뿐이니 모든 일마다 허무해진다.
세상을 살아가는 데 한 점의 슬기로운 지혜가 없으면
목석같은 인간일 뿐이니 가는 곳마다 장애가 생긴다.

作人無一點眞懇的念頭 便成個花子 事事皆虛
작 인 무 일 점 진 간 적 염 두   편 성 개 화 자   사 사 개 허

涉世無一段圓活的機趣 便是個木人 處處有礙
섭 세 무 일 단 원 활 적 기 취   편 시 개 목 인   처 처 유 애

인격이 형성될 때 극히 진실하고 간절한 생각이 없으면 의식이 없는 하나의 인형일 뿐이니 하는 일마다 모두 허망하게 되어 아무 효과가 없다. 또 세상을 살아가는 동안 원만하면서도 슬기로운 지혜가 없으면 허수아비 같은 사람일 뿐이니 곳곳에서 장애를 만나게 된다. 그러므로 훌륭한 인격을 만들고 세상을 잘 살아가려면 진실한 마음과 원활한 지혜를 함께 갖추어야 한다.

지나치게 다그치거나 엄하게 대하지 말라

일을 서두르거나 다그치면 고백하지 않는 사람이
혹 관대하게 대하면 자백하기도 하므로
조급히 굴어서 분노를 불러일으키지 말아야 한다.
사람을 다룰 때 복종하지 않던 자가
놓아두면 혹 스스로 교화되는 수가 있다.
그러므로 엄하게 다루어 더 완고해지지 않도록 해야 한다.

事有急之不白者 寬之或自明 毋躁急以速其忿
사 유 급 지 불 백 자 관 지 혹 자 명 무 조 급 이 속 기 분

人有操之不從者 縱之或自化 毋操切以益其頑
인 유 조 지 부 종 자 종 지 혹 자 화 무 조 절 이 익 기 완

　사고를 조사하거나 심문할 때 성급하게 다루면 사실을 고백하지 않는 사람이 있다. 그런데 너그럽게 대하면 스스로 고백하거나 자연스럽게 진상을 드러내기도 한다. 사람을 너무 다그치면 도리어 분노를 사서 더 이상 조사가 진전되지 않을 수 있으므로 분한 마음이 들지 않도록 조절해야 한다.

　또 사람을 교화시킬 때 너무 단속해서 복종하지 않던 사람이 혹 너그럽게 대하고 자유롭게 내버려두면 자연스럽게 감화되는 경우도 있다. 그러나 한결같이 엄격하게 단속하기만 하면 더욱 나쁜 마음으로 완강하게 저항하기 쉽다.

그러므로 지나치게 단속함으로써 더 완강해지는 것은 피해야 한다.

91　절의와 문장도 덕성으로 갈고닦아야 한다

절의가 청운을 업신여기고
문장이 백설보다 고결해도
만일 덕성으로 갈고닦지 않으면
사사로운 혈기와 천박한 재주가 되는 것이다.

節義傲靑雲 文障高白雪 若不以德性陶鎔之
절 의 오 청 운　문 장 고 백 설　약 불 이 덕 성 도 용 지

終爲血氣之私 技藝之末
종 위 혈 기 지 사　기 예 지 말

지조가 당당해서 하늘을 업신여기고 문장이 깨끗하여 백설보다 고결
하다 해도 도덕의 본성으로 더욱 갈고닦지 않는다면, 지조는 사사로운
혈기에 불과하고 문장은 천박한 재주로 여겨질 뿐이다. 무사와 협객의
일시적인 지조와 시인의 경박한 문장이 이런 종류이다.

은혜는 갚지 못할 사람에게 베풀어야 한다

맡은 일을 사양할 때 마땅히 한창 성할 때에 사양해야 하며
몸을 둘 때 홀로 후미진 곳에 둘 것이며
덕을 조심히 행하며 아주 사소한 일도 조심해야 하며
은혜를 베풀 때는 갚지 못할 사람에게 베풀어야 한다.

謝事 當謝於正盛之時
사사 당사어정성지시

居身 宜居於獨後之地
거신 의거어독후지지

謹德 須謹於至微之事
근덕 수근어지미지사

施恩 務施於不報之人
시은 무시어불보지인

일에서 물러나는 것을 한창 세력이 왕성할 때 하면, 세가 약해졌을 때 후회할 것을 면하고 여유 있게 마지막을 장식할 수 있다. 일신의 영달을 다툴 때 남들과 싸우지 않는 곳에 홀로 있으면 남들의 시기를 받지 않고 안전하게 있을 수 있다.

덕을 실천할 때 지극히 사소한 일에서도 삼가면 잘못되는 일 없이 만전을 기할 수 있다. 은혜는 갚지 못할 사람에게 베풀어야 참된 은혜이며 그로 인해 덕이 오래가는 것이다.

93 가지와 잎이 무성하려면 뿌리가 깊어야 한다

덕이란 사업의 바탕이다.
기초가 단단하지 않으면 집이 견고하지 않은 것과 같다.
마음이란 수행의 뿌리와 같다.
뿌리를 심지 않으면 가지와 잎이 무성할 수 없다.

德者事業之基　未有基不固　而棟宇堅久者
덕 자 사 업 지 기　미 유 기 불 고　이 동 우 견 구 자
心者修行之根　未有根不植　而枝葉榮茂者
심 자 수 행 지 근　미 유 근 불 식　이 지 엽 영 무 자

　덕과 사업을 비교하면 덕은 기초와 같고 사업은 집과 같다. 기초가
튼튼하지 못한 집은 오래갈 수 없다. 이와 같이 도덕을 단단하게 갖추
지 못한 사람이 이룬 사업은 오래가지 못한다. 그러므로 사업을 이루려
면 먼저 덕이 뿌리내려야 한다.
　마음과 수행을 비교하면 마음은 뿌리와 같고 수행은 뻗어나가는 가
지와 같으니 뿌리가 깊지 않으면 가지가 무성할 수 없다. 이와 같이 마
음을 수양하지 못한 사람의 수행은 원만할 수 없다. 그러므로 수행을
제대로 하고자 하면 반드시 먼저 마음부터 갈고닦아야 할 것이다.

도는 사람에 따르고, 학문은 일에 따른다

도道는 대중적인 사물과 같은 것이니
마땅히 사람에 따라서 대하는 것이다.
학學은 여염집에서 일상적으로 먹는 밥과 같으니
반드시 일에 따라서 삼가야 한다.

道是一件公衆的物事　當隨人而接引
도 시 일 건 공 중 적 물 사　당 수 인 이 접 인
學是一個尋常的家飯　當隨事而警惕
학 시 일 개 심 상 적 가 반　당 수 사 이 경 척

　도道란 한 개인의 사사로운 물건이 아니라 자유롭게 취하고 보편적
으로 쓰는 대중적인 사물 중의 하나이다. 따라서 어떤 사람이라도 도를
접하고 인도하여 도에 이르게 해야 한다. 학문은 일정한 과정만 배우고
다른 모든 일은 폐기하는 것이 아니다. 항상 먹는 차나 밥과 같아서 날
마다 일어나는 일에 따라 일깨우고 삼가는 것이다.

근검이란 무엇인가

근勤이란 부지런한 덕德이다.
그런데 세상 사람들은 근면을 빙자하여 탐욕을 채운다.
검儉이란 재물에 대해 소박한 것이다.
그런데 세상 사람들은 검소함을 빙자하여 인색함을 장식한다.
군자가 지녀야 할 어떤 징표가
오히려 소인들을 경계하는 도구가 되고 있음은 안타까운 일이다.

勤者敏於德義 而世人借勤 以濟其貪
근 자 민 어 덕 의 이 세 인 차 근 이 제 기 탐

儉者淡於貨利 而世人假儉 以飾其吝
검 자 담 어 화 리 이 세 인 가 검 이 식 기 린

君子持身之符 反爲小人營私之具矣 惜哉
군 자 지 신 지 부 반 위 소 인 영 사 지 구 의 석 재

한자풀이 吝 아끼다. 탐하다 | 符 징표, 표식

부지런하다는 것은 덕과 의리를 실천하는 데 민첩하며 게으르지 않
은 것을 말한다. 그런데 세상 사람들은 근면함을 빙자하여 재물을 탐하
는 욕심을 만족시킨다. 검소하다는 것은 재물에 대한 욕심이 소박해서
사치스런 마음이 없는 것을 말한다. 그런데 세상 사람들은 검소함을 빙
자하여 재물을 모으려는 인색한 태도를 거짓으로 감춘다. 덕을 실천하
려는 부지런함과 재물을 탐내지 않는 검소한 생각은 군자로서 지녀야

할 영부靈符(마음)인데, 소인들이 이것을 빙자하여 가난을 면하고 인색함을 감추어 사사로이 이익을 구하려는 도구로 삼고 있으니 정말 애석한 일이다.

96 자신에게 엄격해야 한다

남의 과오는 마땅히 용서할 줄 알아야 하며
자신의 과오는 용서하면 안 된다.
자신이 당해야 하는 곤욕은 마땅히 참아야 하며
남이 당하는 곤욕은 참으면 안 된다.

人之過誤宜恕 而在己則不可恕
인 지 과 오 의 서 이 재 기 즉 불 가 서
己之困辱宜忍 而在人則不可忍
기 지 곤 욕 의 인 이 재 인 즉 불 가 인

　남의 허물이나 잘못은 용서해주어 자신의 도량을 넓게 닦아야 한다. 그러나 자신에게 과오가 있으면 스스로를 꾸짖어 뉘우치고 고쳐야 하는 것이다. 또 자기가 어떤 고난에 처했을 때는 치욕스러워도 참아내고 마땅히 자신의 뜻을 굽히지 말아야 한다. 그러나 남이 곤욕을 당하는 것을 보았을 때는 방관하지 말고 힘을 다해 구해야 한다.

97 은혜는 소박하게, 위엄은 엄격하게

은혜는 먼저 소박하게 시작하여 점점 농후해져야 하며
처음은 농후한데 뒤에 소박해지면 은혜를 잊어버린다.
위엄은 마땅히 엄하게 시작하여 너그러워져야 하며
처음은 너그럽고 뒤에 엄하면 가혹함을 원망한다.

恩宜自淡而濃 先濃後淡者 人忘其惠
은 의 자 담 이 농 선 농 후 담 자 인 망 기 혜

威宜自嚴而寬 先寬後嚴者 人怨其酷
위 의 자 엄 이 관 선 관 후 엄 자 인 원 기 혹

한자풀이 酷 독하다

남에게 은혜를 베풀 때 처음에는 보잘것없이 적게 하고 차츰 후하게
베풀어야 한다. 만일 처음에 후하게 하고 뒤에 보잘것없으면, 은혜를
고마워했던 마음이 차츰 엷어져서 결국 은혜를 잊게 될 것이다.

또 위엄은 처음부터 엄격하게 하고 시간이 흐르면서 차츰 너그럽게
대해야 한다. 만일 처음에 너그럽게 하고 뒤에 가서 엄하게 하면 위엄
에 복종하는 사람의 마음이 점점 나빠져서 마침내 가혹하다고 원망하게
된다.

높은 자리에 있을 때일수록 마음을 부드럽게 해야 한다

사군자가 권문權門의 중요한 위치에 있을 때는
행동은 엄격하고 뚜렷해야 하나 마음은 화평하고 부드럽게 한다.
또한 조금이라도 남에게 휩쓸려 더러운 무리와 가까이하지 말 것이며
또한 너무 과격하여 벌과 전갈의 독을 범해서는 안 된다.

士君子 處權門要路 操履要嚴明 心氣要和易
사 군 자 처 권 문 요 로 조 리 요 엄 명 심 기 요 화 이

毋少隨而近腥羶之黨 亦毋過激而犯蜂蠆之毒
무 소 수 이 근 성 전 지 당 역 무 과 격 이 범 봉 채 지 독

한자풀이 羶 누린내, 양의 냄새 ㅣ 蠆 전갈

사군자가 권력의 자리나 중요한 위치에 있게 될 때, 행동은 엄격하고 바르며 공명하게 하고, 마음은 온화하고 너그럽게 하며 남의 뒤에 붙어서 더러운 무리와 가까이하지 말아야 한다. 또 너무 과격하게 자신의 뜻만을 주장하고 남의 잘못을 공격하여 벌이나 전갈 같은 소인들의 독침에 찔리지 말아야 한다. 만일 소인들의 독침에 찔리면 모함에 빠져 어려운 지경에 처하게 된다.

99　사람을 변화시키는 기술

남을 속이는 사람을 만나면 참된 마음으로 감동시키고
사나운 사람을 만나면 훈훈한 마음으로 감싸며
사악하고 마음이 꼬인 사람을 만나면 명분과 의리와 지조로써 격려한다.
이렇게 하면 세상에서 내가 깨우치고 이끌어주는 대로 하지 않을 사람이 없다.

遇欺詐的人 以誠心感動之
우 기 사 적 인　이 성 심 감 동 지

遇暴戾的人 以和氣薰蒸之
우 폭 려 적 인　이 화 기 훈 증 지

遇傾邪私曲的人 以名義氣節激礪之
우 경 사 사 곡 적 인　이 명 의 기 절 격 려 지

天下無不入我陶鎔中矣
천 하 무 부 입 아 도 용 중 의

한자풀이　陶 질그릇을 만들다 ｜ 鎔 쇠를 녹이다

거짓과 기만을 일삼는 사람을 만나면 성실하고 거짓이 없는 마음으로 대하여, 사악한 마음을 감동시켜 진실한 사람이 될 수 있도록 한다. 또 난폭한 사람을 만나면 온화한 마음으로 대하여 마치 좋은 향기가 나쁜 냄새를 없애듯이 사나운 기질을 변화시켜 온화한 성품이 배어나게 할 것이다.

또 사악하고 마음이 꼬인 사람을 만나면 명분과 의리와 지조로써 고

무하고 격려하여 비뚤어진 마음을 변화시켜 정직한 사람이 되게 한다. 그렇게 하면 천하의 모든 사람들이 내가 깨우치고 이끌어주는 가운데 변화되지 않을 사람이 없다.

100 인내의 깊은 의미

옛말에
'산을 오를 때는 험한 길을 참아야 하며
눈길을 걸을 때는 위태로운 다리를 참아야 한다'고 하였다.
즉 '내耐'라는 한 글자에 깊은 의미가 있다는 말이다.
위태롭고 험악한 세상을 살아갈 때
만일 '인내'의 뜻을 깊이 깨달아 알지 못하면
누구라도 가시덤불과 구덩이 속으로 떨어지게 된다.

語云 登山耐險路 踏雪耐危橋 一耐字極有意味
어 운 등 산 내 험 로 답 설 내 위 교 일 내 자 극 유 의 미

如傾險之人情 坎坷之世道 若不得一耐字 撑持過去
여 경 험 지 인 정 감 가 지 세 도 약 부 득 일 내 자 탱 지 과 거

幾何不墮入榛莽坑塹哉
기 하 불 타 입 진 망 갱 참 재

한자풀이 坷 평탄하지 않다 | 撑 버티다 | 莽 우거지다 | 塹 구덩이

254

옛말에 '산을 오를 때에는 험한 길을 잘 참아내고, 눈길을 걸을 때에는 위태로운 다리를 조심해야 한다'고 하였다.

산에 오르는 사람이 위험한 길을 겁내어 앞으로 나아가지 못한다면 등산의 목적을 성취할 수 없다. 힘들수록 더욱 용기를 내고 전진하여 어려움을 참아내고 산 정상에 오르면 눈 아래 펼쳐지는 풍광을 즐길 수 있다.

또한 눈길을 걸을 때 위험한 다리 앞에서 뒤로 물러서고 앞으로 나아가지 못하면 마침내 가고자 했던 언덕에 도달하지 못할 것이다. 그러므로 더욱 분발하여 어떠한 역경이라도 참고 나아가면 목적한 지점에 도달하여 뜻을 이룰 것이니 '견딜 내耐' 자의 의미가 이렇게 깊은 것이다.

산길과 같이 험한 세상의 인심과 눈 덮인 다리처럼 험난한 세상을 건너가려 할 때 '인내'로 버텨내지 못한다면, 위험하고 곤란한 곳을 지나야 도착하는 낙원에 이르지 못하고 잡초가 우거진 덤불과 구덩이 같은 고통 속으로 떨어질 것이다. 그러니 의지를 굽히지 말고 꺾이지 않는 용기로써 위험함과 곤경을 인내하여 원하는 목적지에 도달해야 한다.

반드시 지켜야 할 두 가지

벼슬에 있을 때는 두 가지를 유의한다.
'오로지 공정하면 현명함을 얻고,
오로지 청렴하면 위엄을 갖게 된다.'
가정에서는 두 가지를 유의한다.
'오로지 용서하면 가족이 평화롭고,
오로지 검소하면 집안 살림이 넉넉해진다.'

居官有二語 曰惟公則生明 惟廉則生威
거 관 유 이 어   왈 유 공 즉 생 명   유 렴 즉 생 위

居家有二語 曰惟恕則平情 惟儉則足用
거 가 유 이 어   왈 유 서 즉 평 정   유 검 즉 족 용

    관직에 있을 때 반드시 지켜야 할 두 가지가 있다. '공명정대하면 현명한 관리가 되고, 청렴하면 위엄을 갖게 된다'는 것이다. 일을 공정하게 처리하여 조금도 사사로운 정에 치우침이 없으면 저절로 명명백백한 결과가 나오고, 청렴해서 뇌물을 탐내지 않으면 남에게 조금도 부끄러움이 없기 때문에 자연히 정정당당한 위엄이 생기는 것이다.

    가정에서도 항상 지켜야 할 두 가지 말이 있다. '오로지 용서해주면 이 모든 것이 평화로워지고, 오로지 검소하면 살림살이가 넉넉해진다'는 말이 그것이다. 내 마음으로 가족의 마음을 헤아려 고통스러운 일을 겪게 하지 말고, 잘못이 있더라도 너무 책망하지 않고 너그럽게 용서해

주면 가족 모두가 화평할 것이다. 또 사치를 금하고 검소하게 하여 비용을 절약하면 저절로 살림살이가 넉넉해질 것이다.

그러므로 관직에 있을 때의 공정함과 청렴성 그리고 가정에서의 용서하는 마음과 검소한 정신이 실로 유일한 법문法門(부처의 가르침)이다.

---

102 부유할수록 가난한 사람의 고통을 헤아려야 한다

부유한 처지에 있을 때
가난의 고통을 헤아려야 하며
젊었을 때
노년의 괴로움을 생각해야 한다.

處富貴之地 要知貧賤的痛癢
처 부 귀 지 지　요 지 빈 천 적 통 양

當少壯之時 須念衰老的辛酸
당 소 장 지 시　수 념 쇠 로 적 신 산

한자풀이 癢 가렵다 | 酸 식초, 시다

부유한 생활을 할 때 가난한 사람의 사정을 알아야 한다. 부의 행복을 누리는 사람이 가난한 사람의 고통을 헤아리지 못하면 세상 밖의 일에 어두워 자선慈善의 마음과 박애의 덕이 없어 여러 사람들의 원한을 사게 되는데, 이렇게 되면 부를 오래 누리지 못한다. 또 부라는 것은 뜬 구름과 같아서 이리저리 옮겨 다니며 정해놓은 시간이 없다. 그러므로 하늘을 뒤흔드는 부유함일지라도 언제 땅으로 추락하여 가난하게 될지 아무도 알 수 없다.

따라서 아무리 부자라 할지라도 가난한 사람들의 사정을 고루 헤아리고 자선을 행하며 박애의 덕을 높여야 할 것이다. 또한 항상 부의 변천을 미리 생각하여 근신하고 검소하게 생활함으로써 부유함을 함부로 과시하지 말아야 오래도록 복을 누릴 수 있는 것이다.

또 몸이 건강하고 혈기가 왕성한 젊은 시절에 노년에 겪게 될 슬픈 일을 미리 염려하여 몸 건강에 유의하고 나이 들어서도 건강을 지킬 수 있도록 노력해야 한다.

103 소인과는 원수가 되지 말고
군자에게는 아첨하지 말라

소인과는 원수가 되면 안 된다.
소인에게는 적대감敵對感이 있기 때문이다.
군자에게는 아첨하지 말아야 한다.
군자는 원래 사사로운 은혜를 베풀지 않기 때문이다.

休與小人仇讎 小人自有對頭
휴 여 소 인 구 수　소 인 자 유 대 두

休向君子諂媚 君子原無私惠
휴 향 군 자 첨 미　군 자 원 무 사 혜

한자풀이 讎 원수 ｜ 諂 아첨하다

소인을 미워하여 원수가 되지 말라는 것은, 소인이 일의 잘잘못을 떠나서 오로지 원수로 여기는 사람에 대해 적대적인 행위로 몇 배의 해를 끼치는 사람이기 때문이다. 그러므로 소인과 원수로 맺어지지 말고 너그럽게 포용하는 것이 옳다.

또 군자에게 아첨하지 말라는 것은, 군자는 원래 공명정대하여 사사로운 은혜를 베풀지 않는 사람이니 아첨한들 아무런 이익이 되지 않는다는 뜻이다.

104 충분히 준비하고 거듭 단련하라

몸을 단련시키는 것은 쇠를 거듭 단련하듯 해야 한다.
서둘러 성취하려면 충분한 수양을 하지 못할 것이다.
일을 행할 때 마땅히 천균千鈞의 쇠뇌처럼 할 것이다.
경솔히 행하면 큰 공을 이룰 수 없을 것이다.

磨礪當如百鍊之金 急就者非邃養
마 려 당 여 백 련 지 금   급 취 자 비 수 양

施爲宜似千鈞之弩 輕發者無宏功
시 위 의 사 천 균 지 노   경 발 자 무 굉 공

邃 깊다 ┃ 似 같다 ┃ 鈞 서른 근 ┃ 弩 쇠뇌

몸과 마음을 연마할 때 거듭 쇠를 단련시키듯 정밀하게 닦고 오래 갈
아서 한 점의 티도 없게 해야 한다. 만일 하루아침의 수련으로 급하게
성취하려 하면 수양이 깊지 못하게 된다.

또 만사를 행할 때 3만 근 되는 큰 쇠뇌를 쏘듯이 충분히 준비하여
빗나가지 않도록 해야 한다. 만일 경솔하게 준비하여 실수가 있으면 위
력을 발휘하지 못하여 아무런 공을 이룰 수 없을 것이다.

105 　마음을 비우고 집요함을 버려야 큰 일을 해낼 수 있다

공을 세우고 업을 이루는 것은
마음을 비워 집착함이 없는 사람 중에 많다.
일을 그르치고 기회를 잃는 것은
반드시 집요한 사람 중에 많다.

建功立業者 多虛圓之士
건 공 입 업 자　다 허 원 지 사

僨事失機者 必執拗之人
분 사 실 기 자　필 집 요 지 인

한자풀이　僨 넘어지다 ┃ 拗 꺾다

큰 공을 세우고 위대한 사업을 이룩하는 사람 중에는 허원虛圓한 사
람이 많다. 허원한 사람이란 마음을 비우고 가슴속에 쌓아둔 것이 없어
사물에 집착하지 않는 사람을 말한다. 이런 사람은 좋은 충고를 받아들
이고 기회를 잘 포착하여 공을 세우기 마련이다.

그러나 사업을 망치고 기회를 놓치는 사람은 반드시 집요함이 있는
사람이다. 집요한 사람이란 고집이 있어 사리분별에 밝지 못하고 편벽
되고 왜곡되어 사람을 포용하지 못하는 사람이다. 이런 사람은 기회를
잃고 일을 그르친다.

그러므로 세상에서 공을 이루고자 하는 사람은 마음을 비우고 집요
함을 버려야 한다.

눈앞의 상황에 휘둘리지 말라

뜻대로 되지 않음을 근심하지 말고
마음이 유쾌한 것을 즐기지 말아야 한다.
편안함이 계속될 것이라고 믿지 말아야 하며
처음에 어렵다고 꺼리지 말아야 한다.

毋憂拂意 毋喜快心
무 우 불 의 　무 희 쾌 심

毋恃久安 毋憚初難
무 시 구 안 　무 탄 초 난

한자풀이　憂 근심하다 ｜ 毋 말다

　일이 뜻대로 되지 않는 상황이란 의지력과 실천력을 단련시켜주는 풀무와 같은 것이다. 이것을 경험으로 삼아 미련하고 우둔했던 자신의 결점을 없애고 주도면밀한 지혜와 밝은 덕을 키우게 된다면 언젠가는 모든 일이 잘 풀릴 수 있다. 그러므로 잠시 일이 안된다고 너무 근심하지 말아야 한다.

　또 모든 일이 잘되고 있을 때 긴장을 풀고 게으름에 빠지게 되면 언젠가 마음을 다치는 슬픔이 생기기 쉽다. 그러므로 마음이 흡족하다고 마냥 즐기고 있으면 안 된다.

　오랫동안 평안함을 믿고 위험을 방비할 줄 모르면 갑작스러운 일을 당했을 때 위태로운 처지에 빠지기 쉬우니 편안함을 오래 믿지 말아야 한다. 또 처음에 약간의 곤란을 겪은 뒤에 공과 업적을 이룰 수 있는 것이므로 처음에 만나게 되는 어려움을 피하지 말아야 한다.

백절불굴(어떠한 난관에도 절대 굽히지 않음)의 의지로 어려움을 참고 나아가면 최후에는 성공을 거두게 되므로 처음에 닥쳐오는 어려움을 피하지 말아야 한다. 천하의 모든 일은 항상 변화무쌍하며 성공과 실패가 일정하지 않다. 그러므로 어떠한 경우에 처하든 눈앞의 상황에 휘둘리지 말고 사물의 공정한 이치에 따라 자신의 의무를 다하면 되는 것이다.

---

107 화려한 것을 멀리하고 명예를 탐하지 말라

음주와 잔치를 자주 즐기면
일개의 호인가好人家가 아니며
화려한 명성을 즐기면
일개의 호사자好士子가 아니며
명예와 지위에 대한 생각이 많으면
일개의 호신공好臣工이 아니다.

飮宴之樂多 不是個好人家
음 연 지 락 다 불 시 개 호 인 가

聲華之習勝　不是個好士子
성 화 지 습 승　불 시 개 호 사 자

名位之念重　不是個呼臣工
명 위 지 념 중　불 시 개 호 신 공

　호인好人이란 예절을 숭상하고 기꺼이 은혜를 베푸는 사람을 말한다. 그러나 술 마시고 잔치 열기를 좋아하면 호인이 못 된다.

　훌륭한 선비는 올바른 품행을 배우는 사람이다. 그러나 노래하기를 좋아하고 화려한 것을 숭상하는 기질이 많으면 훌륭한 선비가 아니다.

　또 훌륭한 신공臣工이란 자신이 맡은 일을 충실히 수행하는 사람으로, 덕의를 지켜서 충성을 다한다. 그러므로 오로지 명예와 벼슬을 탐하는 사람은 곧 훌륭한 신하가 아니다.

　오늘날의 상류사회를 돌이켜볼 때 반드시 필요한 유일한 가르침은 이것이라고 말할 수 있다.

264

108 급하게 서두르지 말라

어진 사람의 마음은 너그러워서
복도 많이 받고 좋은 일도 오래가며
하는 일마다 여유 있는 기상을 이룬다.
인색한 사람의 생각은 각박하니
복도 적게 받고 혜택이 짧아서
하는 일마다 촉박한 모양을 띠게 된다.

仁人心地寬舒 便福厚而慶長 事事成個寬舒氣象
인 인 심 지 관 서　편 복 후 이 경 장　사 사 성 개 관 서 기 상

鄙夫念頭迫促 便祿薄而澤短 事事成個迫促規模
비 부 염 두 박 촉　편 록 박 이 택 단　사 사 성 개 박 촉 규 모

한자풀이 　鄙 인색하다 ｜ 迫 다그치다

인자한 사람은 마음이 관대하고 조용하여 남을 포용하고 사랑한다. 그러므로 풍족하게 복을 누리며 경사스럽고 기쁜 일이 많아서 일마다 여유로운 기상을 이룬다. 이와 반대로 인색한 사람은 생각이 절박하고 급하여 외물의 저항을 받게 되므로 복도 적어지고 혜택도 없어져 하는 일마다 촉박한 규모를 이룬다. 그러므로 한 가지에 마음을 쓸 때 세 번 생각하여 너그럽게 평온함을 유지하고 급하게 서두는 태도를 버려야 한다.

109 벗을 함부로 사귀지 말라

사람을 쓸 때 인색하게 대우하지 말아야 한다.
각박하게 대하면 보답을 바라는 사람이 떠나게 된다.
벗을 사귈 때 마땅히 함부로 사귀지 말아야 한다.
함부로 사귀면 곧 아첨하는 자들이 모여든다.

用人不宜刻　刻則思效者去
용 인 불 의 각 　 각 즉 사 효 자 거

交友不宜濫　濫則貢諛者來
교 우 불 의 람 　 남 즉 공 유 자 래

사람을 쓸 때 인색하고 혹독하게 대우하면 안 된다. 사람이 남의 일을 맡아서 하게 될 때는 당연히 일에 대한 보수를 바라는 것이다. 그러한 사람을 인색하게 대우해서 충분한 보답을 하지 않으면, 미래에 대한 보장을 기대하고 있던 사람은 떠나게 된다.

또 친구를 사귈 때는 마음이 넓은 사람을 가까이하고 악한 사람은 가능한 멀리하는 것이 좋다. 선악과 손익을 판단하지 않고 무분별하게 교제하면, 아첨하는 자들이 모여들어 총명함을 잃게 되므로 어떤 화가 미칠지 알 수 없다.

110 지위가 높은 사람을 공경하듯
지위가 낮은 사람도 공경해야 한다

대인大人을 가히 두려워하지 않을 수 없다.
대인을 두려워하면 곧 방일放逸한 마음이 없어진다.
평민을 가히 두려워하지 않을 수 없다.
평민을 두려워하면 곧 세력 있고 방자하다는 소문이 없어진다.

大人不可不畏 畏大人 則無放逸之心
대 인 불 가 불 외 외 대 인 즉 무 방 일 지 심

小民亦不可不畏 畏小民 則無豪橫之名
소 민 역 불 가 불 외 외 소 민 즉 무 호 횡 지 명

두려워한다는 것은 공경하고 삼간다는 뜻이다. 덕이 높고 지위가 높은 대인大人을 공경하는 것은 당연한 일이다. 항상 대인을 공경하는 마음을 가지고 있으면 제멋대로 하려는 마음이 생기지 않는다.

또한 덕이 없고 지위도 없는 평민도 공경하지 않을 수 없다. 평민을 공경하면 항상 근신하는 마음으로 대하게 되니 함부로 위세를 부리거나 방자하다는 소문이 생기지 않는다.

그러나 만일 대인을 소홀히 여기고 평민을 업신여기면 위세를 쥐고 제 마음대로 행하는 과오를 저지르게 된다.

111 마음이 게을러지거든 나보다 나은 사람을 생각하라

일이 조금 잘되지 않을 때
나보다 못한 사람을 생각한다.
그렇게 하면 원망과 허물이 저절로 사라질 것이다.
또 마음이 조금 게을러지거든
곧 나보다 나은 사람을 생각한다.
그렇게 하면 정신이 저절로 분발하게 될 것이다.

事稍拂逆 便思不如我的人
사 초 불 역 편 사 불 여 아 적 인

則怨尤自消
즉 원 우 자 소

心稍怠荒 便思勝似我的人
심 초 태 황 편 사 승 사 아 적 인

則精神自奮
즉 정 신 자 분

무슨 일이 여의치 못하여 뜻대로 되지 않으면 반감이 생겨 하늘을 원망하거나 남을 탓하기 쉽다. 이런 경우에는 자신보다 못한 사람, 즉 일이 맘대로 되지 않는 것이 나보다도 심해서 더 곤란한 상황에 놓인 사람을 생각하면 원망이 저절로 사라질 것이다.

예를 들면 가난으로 힘들 때는 하늘이 왜 자신을 가난하게 살게 하는지 원망하게 되며 부유한 사람들이 자신을 도와주지 않는 것을 탓하기 쉽다. 이때 나보다 더 가난한 사람들을 생각하면 내가 오히려 더 풍족하다는 것을 깨달아 원망이나 탓하는 마음이 저절로 사라진다.

또 마음이 게을러져서 열심이 일하려는 의지가 없어지면 정신이 해이해지기가 쉽다. 이때 나보다 나은 사람, 즉 여러 가지 상황이 나보다 좋은데도 오히려 더 근면한 사람을 생각하면 자연히 분별력이 생겨 근면할 의지가 생기는 것이다.

112 기쁘고 즐거울 때 더욱 조심하고 근신해야 한다

잠시 기쁘다고 경솔히 승낙하지 말 것이며
취한 것으로 인하여 화를 내지 말 것이다.
즐거움에 들떠 일을 많이 만들지 말 것이며
게으름으로 일의 끝맺음을 흐리지 말 것이다.

不可乘喜而輕諾 不可因醉而生瞋
불 가 승 희 이 경 락 불 가 인 취 이 생 진

不可乘恢而多事 不可因倦而鮮終
불 가 승 회 이 다 사 불 가 인 권 이 선 종

한자풀이 瞋 눈을 부릅뜨다 | 恢 넓다 | 鮮 깨끗하다

일시적인 기쁨으로 경솔하게 어떤 일을 승낙하면 훗날 그것을 실천하지 못할 수도 있다. 그러므로 기쁜 마음에 경솔히 승낙하지 말아야 한다. 술에 취하여 화를 내면 난폭한 일을 저질러 후회할 일이 많다. 그러므로 취기로 노여워하는 마음이 생기지 않도록 해야 한다.

또 잠시 만족한 결과를 얻어 마음이 유쾌할 때 자부심이 생겨 객기로 여러 가지 일을 벌이기 쉽다. 그렇게 되면 복잡하고 산만해서 일마다 좋은 성과를 거두지 못하고 중도에 그만두기 쉽다. 그러니 마음이 유쾌하다는 기회를 틈타 일을 많이 벌여놓지 말아야 한다.

또한 일을 할 때 처음에는 근면하게 하지만 점점 게을러지면 마무리를 제대로 하지 못하게 된다. 그것은 마치 아홉 길 되는 산을 쌓다가 한 삼태기의 흙을 채우지 못해 기대했던 일이 수포로 돌아가게 되는 것과 같다. 그러므로 게으름을 피우면 흐지부지하게 일을 끝내게 된다. 이처럼 기쁨과 취기, 유쾌함과 게으름 등이 생길 때에 더욱 근신하여 갖가지 폐단이 생기지 않도록 해야 한다.

113   일을 즐기다 본래의 뜻을 손상시키면 안 된다

물가에서 낚시질은 다만 즐기는 일이지만
오히려 생살生殺을 쥐고 있으며,
바둑과 장기는 깨끗한 유희이지만
또한 다투는 마음을 움직이게 한다.
그러므로 일을 좋아하는 것이
일을 적절하게 잘하는 것보다 못하고
잘하는 것이 많은 것은
잘하는 것이 없어서 잘됨을 보전하는 것보다 못함을 알 것이다.

釣水逸事也　尙持生殺之柄
조 수 일 사 야　상 지 생 살 지 병

奕棋淸戱也　且動戰爭之心
혁 기 청 희 야　차 동 전 쟁 지 심

可見喜事不如省事之爲適
가 견 희 사 불 여 성 사 지 위 적

多能不如無能之全眞
다 능 불 여 무 능 지 전 진

물가에서 낚시질을 하는 것은 속세의 괴로움을 떠난 은자들이 하는
일이다. 그러나 낚시는 오히려 물고기의 생과 사를 좌우하는 것으로 은
자가 추구하는 본래의 뜻을 손상시키기도 한다. 또 바둑과 장기는 분망
한 현세의 삶에서 잠시 벗어나는 깨끗하고 한가한 취미지만 흑백으로
승부를 결정지으며 승부욕을 부추겨서 오히려 소박하게 즐기지 못하게

된다.

즉 일을 즐기다 뜻을 손상하게 되는 것은 일을 살펴서 뜻에 맞게 하는 것만 못하고, 재능이 많아서 몸과 마음을 피로하게 하는 것은 재능이 없어서 타고난 모습 그대로를 보존하는 것만 못하다.

---

114   모든 사물 속에 가르침이 있다

새의 지저귐과 벌레의 울음소리는
모두 마음을 전하는 비결이며
꽃잎과 풀빛 모두
도를 깨닫게 하는 글이 아닌 것이 없다.
배우는 사람은 천기天機가 환하게 뚫리고 가슴속이 영롱하여
사물을 접하는 것마다 마음의 이치에 들어맞아야 한다.

鳥語蟲聲 總是傳心之訣
조 어 충 성 총 시 전 심 지 결

花英草色 無非見道之文
화 영 초 색 무 비 견 도 지 문

學者要天機淸徹 胸次玲瓏 觸物皆有會心處
학 자 요 천 기 청 철 흉 차 영 롱 촉 물 개 유 회 심 처

마음을 전하는 비결이라는 것은 부처의 말이다. 우주의 도와 만물의

진리가 모두 마음에 갖추어져 있기 때문에 부처는 심외무물心外無物이라 했다. 즉 마음이 만 가지 일의 이치이며 일의 근원이 된다는 것이다.

그러므로 옛 성현은 자신의 마음을 깨닫고 남을 깨우치게 하는 것을 유일하게 받들어야 할 지침으로 삼았다. 그러나 마음의 깨달음은 결코 언어와 문자에 존재하지 않는다. 수레와 작은 배를 만드는 기능도 정밀하게 되면, 아버지가 능히 아들에게 전하지 못하고 아들이 능히 아버지에게 물려받지 못하는 것이다.

부처가 49년 동안 설법한 것이 구름과 비처럼 많아서 한우충동汗牛充棟(장서가 많음)의 대장경이 되었고, 대부분 대덕大德을 논한 부분이 눈송이처럼 많으나 이것은 옛사람이 남긴 재강(찌꺼기)에 지나지 않는다. 그런데 언어와 문자에 매달려 온갖 애를 써도 진리를 깨닫지 못하므로, 선가禪家에서 '불립문자 교외별전不立文字 敎外別傳(가르침은 문자로 세우지 않고 경전 바깥에서 특별히 이어받는다)'이라고 말했는데, 즉 '이심전심以心傳心(마음으로써 마음에 전한다)'이 이것이다.

그렇지만 마음은 형체가 없으니 무엇을 근거로 삼아 마음을 전할 수 있을 것인가? 근거로 삼을 것이 있어 일정한 방법을 세우면 이것 또한 언어와 문자의 수단이 되어 마음을 전하는 오묘한 비결이 아닌 것이다. 마음을 전하는 오묘한 비결은 오직 제 마음을 스스로 수양하여 저절로 깨닫는 것 외에는 다른 방법이 없다.

그런데 '마음 밖에 사물事物이 없다'고 하면 제 마음을 빼놓고는 우주 만물 중 어느 것도 마음을 전하는 비결이 아니고, 만물을 동일체성으로 보면 삼라만상 중 마음을 전하는 비결이 아닌 것은 없는 것이다.

그러므로 새가 지저귀는 소리와 벌레의 울음소리도 모두 마음을 전하는 비결이며 온갖 예쁜 꽃들의 색깔과 녹색의 풀잎들도 모두 도를 깨닫게 하는 문장이다. 이와 같이 한 마음이 만물이며 만물이 곧 한 마음이니, 무엇을 취하고 무엇을 버릴 수 있겠는가? 배우는 자는 번뇌의 흐린 마음을 없애고 천연의 심기를 맑은 물처럼 깨끗하게 하며 가슴속을 얼음처럼 영롱하게 해서 어떠한 사물에 접촉하든 자기 마음의 이치를 터득하여 깨달아야 할 것이다.

115 글자 없는 책을 읽을 줄 알아야 한다

사람들이 글자가 있는 책은 읽을 줄 알지만
글자가 없는 책은 읽을 줄 모른다.
줄이 있는 거문고는 탈 줄 알지만
줄이 없는 거문고는 탈 줄 모른다.
형상은 쓸 줄 알지만 정신은 쓰지를 못하니
어떻게 거문고 타기와 책을 읽는 아름다운 취미를 얻을 수 있겠는가?

人解讀有字書 不解讀無字書
인 해 독 유 자 서　불 해 독 무 자 서

知彈有絃琴 不知彈無絃琴
지 탄 유 현 금　부 지 탄 무 현 금

以跡用 不以神用 何以得琴書佳趣
이 적 용 불 이 신 용 하 이 득 금 서 가 취

문자는 사물의 모양과 인류의 사상을 표현하는 부호이며 책은 그 부호로 그려진 그림이다. 그 부호와 그림의 원본이 되는 우주 만상과 수많은 세상의 일이야말로 종횡으로 연결되어 웅장하고도 오묘한 모양을 갖춘 '문자 없는 책'이라 할 수 있다.

거문고의 줄은 접촉으로 소리를 내는 피동적인 물건에 지나지 않지만 거문고 줄이 내는 소리는 범부의 귀를 기쁘게 한다. 그리하여 그 절묘한 가락을 갖춘 '소리 없는 음악'은 거문고 줄과 상관없는 오래된 오동나무에 존재하는 것이다.

그런데 부호인 글자를 읽고 쓸 줄은 알지만 그 정신의 진상을 간파하지 못하면 그야말로 '기계적으로 익힌 학문'에 지나지 않는다. 글자 없는 책을 읽는다는 것은 사물의 이치를 이해하고 참된 정신을 깨우치는 것이다.

예를 들면 한나라의 사마천은 20세 때 남방 강회를 두루 다니며 산천 풍물의 정신을 생생하게 받아들여 자신의 문장으로 경륜해놓았다가 훗날 《사기史記》를 지을 때 그 문장을 이용하여 만고에 남을 명문을 이룬 것이다. 그렇게 하여 '《사기》의 일부가 명산대천에 존재한다'는 명언이 전해지고 있는 것이다. 그러므로 이것은 사마천이란 대문장가가 산천 풍물의 '글자 없는 책'을 읽은 결과이다.

그러나 세상 사람들은 글자 있는 책만 읽고 글자 없는 책을 읽지 못하며, 또 줄 있는 거문고는 탈 줄 알지만 줄 없는 거문고는 탈 줄을 모른다. 진나라의 도연명은 줄 없는 거문고를 어루만지며 '거문고에 대한 아취雅趣를 터득한다면 어찌 줄에서 나는 소리를 들으려고 애쓸 것인가?'라고 했다. 이 말은 줄 없는 거문고를 즐길 줄 알았다는 뜻이다.

그러므로 글자가 있는 책만 읽고 줄이 있는 거문고만 타는 사람은 형체는 쓸 줄 알지만 정신은 쓸 줄 모르는 것과 같으니 어떻게 거문고와 책의 절묘한 아취를 깨달을 수 있을 것인가?

116   영원한 것은 없다

산하山河, 대지도 조그마한 티끌에 속하는데
하물며 티끌 속의 티끌에 비할 수 있겠는가.
육신도 물거품과 그림자로 돌아가는데
하물며 그림자 밖의 그림자에 비할 수 있겠는가
최고의 지혜가 아니면 환하게 알 수 없는 일이다.

山河大地已屬微塵 而況塵中之塵
산 하 대 지 이 속 미 진   이 황 진 중 지 진

血肉身軀且歸泡影 而況影外之影
혈 육 신 구 차 귀 포 영   이 황 영 외 지 영

非上上智 無了了心
비 상 상 지   무 요 료 심

하늘과 땅은 한 덩어리이며, 산과 강 그리고 대지도 작은 티끌이 모여 이루어진 티끌의 집합체이다. 그러므로 무너질 때에는 집합된 형체가 분산되어 다시 작은 티끌이 된다.

산, 강 그리고 대지와 같은 광대한 물체도 파괴를 면치 못하는 작은 티끌에 속하는데, 하물며 티끌 속의 티끌 즉 산과 강과 대지 안에 잠깐 태어났다가 다시 사라지는 사람이 어떻게 작은 티끌로 되돌아가는 것을 면할 수 있겠는가?

또한 사람의 육체는 겨우 백 년을 지탱할 수 있을 뿐이다. 한번 죽으면 물거품과 그림자처럼 사라져버린다. 그런데 하물며 그림자 밖의 그림자, 즉 사람에게 속해 있는 부귀와 명예를 어떻게 영구히 보존할 수 있겠는가?

우주 만물 중에서 어느 것도 영구히 보존되거나 소멸되지 않는 것이 없으므로 구구한 사물에 집착하여 자유롭지 못할 일이 없다. 가장 밝은 지혜가 아니면 마음을 환하게 깨칠 수 없을 것이다.

117 달팽이 뿔 위에서 자웅을 겨루는 어리석음

석화광중石火光中에서 장단長短을 다투니
얼마나 긴 시간이겠는가?
달팽이 뿔 위에서 자웅을 겨루고 다투니
얼마나 큰 세계일 것인가?

石火光中 爭長競短 幾何光陰
석 화 광 중 쟁 장 경 단 기 하 광 음

蝸牛角上 較雌論雄 許大世界
와 우 각 상 교 자 논 웅 허 대 세 계

한자풀이 石火光中 = 石火光陰 돌과 돌을 부딪쳤을 때 불이 반짝이는 것과 같은 빠른 세월

인생 백 년을 무한하고 무궁한 시간에 비교하면, 돌과 돌을 서로 부딪쳐서 반짝 일어났다 사라지는 불빛처럼 아주 짧은 시간이다. 이렇게 짧은 시간을 살면서 잘잘못을 따지고 이해득실을 서로 다투어봐야 무슨 의미가 있겠는가?

《장자莊子》에 '달팽이의 왼쪽 뿔 위에 촉觸이 있고 오른쪽 뿔 위에 만蠻이 있어 때때로 영토 문제로 전쟁을 하니 수만 호가 항복하여 북쪽으로 쫓겨갔다가 15일 후에 돌아왔다'고 하였다. 이것은 비좁은 세상에서 사람과 만물이 구구한 이해득실을 헤아리다 서로 다투어 빼앗고 죽이는 것을 풍자한 우화이다.

즉 통달한 사람의 안목으로 바라보면 세계는 한 마리 달팽이의 뿔과 같으며, 영웅과 호걸들의 전쟁일지라도 만蠻과 촉觸 두 나라의 싸움이나 다름없다. 청허淸虛 화상和尙(서산대사 휴정)의 시 '만국의 도성이 개미들의 둑과 같고, 수많은 호걸들은 초파리 따위 작은 벌레인 듯하다'도 같은 의미이다.

그러므로 달팽이 뿔처럼 좁은 장소에서 자웅을 겨루고 다투는 것이 정말로 큰 세상이라고 말할 수 있겠는가? 또 달관한 마음으로 우주와 영겁의 시간을 깨닫게 된다면 겨우 백 년을 살면서 자웅을 겨루고 이해득실을 다투는 것이 얼마나 구구하고 부끄러운 일이겠는가?

118 하루의 길고 짧음은 마음에 달려있다

길고 짧은 것은 한결같은 생각에 달렸으며
넓고 좁은 것은 마음에 달렸다.
그러므로 마음이 한가한 자는 하루가 천 년보다 요원하고
뜻이 넓은 자는 좁은 방이 천지 사이보다도 넓다.

延促由於一念 寬窄係之寸心
연 촉 유 어 일 념　관 착 계 지 촌 심

故機閒者 一日遙於千古
고 기 한 자　일 일 요 어 천 고

意寬者 斗室廣於兩間
의 관 자 두 실 광 어 양 간

窄 좁다

시간이 길고 짧게 느껴지는 것은 해와 달에 달려있는 것이 아니라 사람의 마음에 달려있는 것이다. 공간이 넓고 좁은 것은 천지의 면적에 있는 것이 아니라 사람의 마음에 달려있는 것이다.

그러므로 마음이 한가로운 자는 하루의 짧은 해를 마치 태고의 긴 시간을 보내는 것보다 더 길게 생각하여 조급함이 없다. 또 마음이 넓은 자는 비좁은 방에 거처해도 하늘과 땅 사이보다 더 넓게 생각하여 협착함을 느끼지 않는다.

119 권세를 따르면 참혹한 화를 당한다

권세에 빌붙어 당하는 화는
매우 참혹하며 또한 빠르다.
고요하고 청일淸逸을 지키는 맛이
가장 소박하고 오래가는 것이다.

280

趨炎附勢之禍 甚慘亦甚速
추 염 부 세 지 화 심 참 역 심 속

棲恬守逸之味 最淡亦最長
서 염 수 일 지 미 최 담 역 최 장

한자풀이 淸逸 맑고 속되지 않음 ㅣ 趨 쫓다 ㅣ 棲 살다

불꽃처럼 타오르는 권세를 따르는 사람에게는 그 화가 몹시 참혹하
며 빠르다. 권세가를 추종하는 사람은 반드시 명예와 사리사욕을 치열
하게 탐하므로 자신의 뜻은 상실하고 남의 뜻만 좇아서 여러 가지 부도
덕한 행위로 일시적인 욕망을 채우게 되는데 그러다 한순간에 세력을
잃으면 순식간에 참혹한 화를 당하게 된다.

그러므로 홍진만장紅塵萬丈(티끌로 가득한 세상) 속의 명예와 사리사욕을
뜬구름처럼 생각하고 고요한 곳에 살면서 깨끗함을 지키며 아름다움과
멋을 추구하는 삶이 가장 소박하고 가장 오래가는 것이다.

죽음을 조심하고 병을 걱정하라

정욕이 불꽃처럼 타올라도
병이 들 것에 생각이 이르면
문득 식은 재처럼 흥이 없어진다.
명리名利가 엿처럼 달아도
죽음에 생각이 미치면
문득 그 맛이 밀랍을 씹는 듯할 것이다.
그러므로 사람이 항상 죽음을 조심하고 병을 걱정하면
분명히 헛된 생각이 사라지고
도의 마음을 기를 수 있을 것이다.

色慾火熾 而一念及病時 便興似寒灰
색 욕 화 치　이 일 념 급 병 시　편 흥 사 한 회

名利飴甘 而一想到死地 便味如嚼蠟
명 리 이 감　이 일 상 도 사 지　편 미 여 작 랍

故人常憂死慮病 亦可消幻業 而長道心
고 인 상 우 사 여 병　역 가 소 환 업　이 장 도 심

한자풀이 嚼 씹다 ┃ 蠟 밀

　사람이 혈기가 왕성할 때는 정욕이 불처럼 타오르지만 병이 들어 힘
들고 괴로워질 것을 생각하면 흥취가 사라져 마치 식은 재처럼 싸늘해
진다. 또 욕망에 눈이 멀면 명예와 사리사욕이 엿처럼 달게 느껴지지만

죽음을 생각하면 불현듯 마치 밀랍을 씹는 것처럼 아무런 맛을 느낄 수 없을 것이다.

그러므로 사람이 항상 죽는 것을 근심하고 병들 것을 걱정한다면 정욕이나 명리와 같은 헛된 생각을 없애고 아름다운 덕에 이르는 진정한 도의 마음을 기를 수 있다.

121 만족할 줄 아는 사람

얻기를 탐하는 자는 금을 가져도 옥까지 더 구하지 못한 것을 탄식하며
후작에 봉해져도 공작을 받지 못함을 원망하며
권세를 누리면서도 구걸하는 것을 스스로 달게 여긴다.
그러나 만족할 줄 아는 자는 명아주국도 고량진미보다 맛있게 먹으며
베옷도 여우나 오소리 털옷보다 따뜻하게 생각하니
백성일지라도 왕족과 귀족 못지않다.

貪得者分金恨不得玉 封侯怨不授公 權豪自甘乞丐
탐 득 자 분 금 한 부 득 옥　봉 후 원 불 수 공　권 호 자 감 걸 개

知足者藜羹旨於膏粱 布袍煖於狐貉 編民不讓王公
지 족 자 여 갱 지 어 고 량　포 포 난 어 호 학　편 민 불 양 왕 공

한자풀이 丐 구하다 ┃ 旨 맛있다 ┃ 膏 살찌다 ┃ 粱 기장 ┃ 袍 겨울 솜옷 ┃ 狐 여우 ┃
貉 오소리

많이 얻기를 탐내는 사람은 금을 주어도 옥까지 더 얻지 못한 것을 탄식하며, 후작侯爵을 내려주어도 공작公爵을 주지 않은 것을 원망한다. 또한 부귀와 권세를 누리고 있으면서도 항상 부족한 마음으로 구차스럽게 구걸하는 태도를 스스로 아무렇지도 않게 여긴다.

그러나 반대로 만족할 줄 아는 사람은 명아주 나물국도 고량진미(기름진 고기와 좋은 곡식으로 만든 맛있는 음식)보다 맛있게 여기며, 베옷도 가볍고 좋은 여우털이나 오소리털로 된 옷보다 따뜻하게 생각하여 조금도 불만을 갖지 않는다. 그래서 아무런 벼슬도 없는 평민의 위치에 있어도 마음은 늘 편안하여 높은 자리에 있는 왕족과 귀족 못지않다.

불경에서 '만족할 줄 아는 자는 비록 땅 위에 누워있어도 오히려 편안하고, 만족할 줄 모르는 자는 비록 천당에 있어도 편치 않다'고 함이 이것이다. 이처럼 인간의 고락苦樂은 부귀나 빈천에 있는 것이 아니라 자신의 마음에 달려있는 것이므로, 부귀를 얻는 데 급급하지 말고 자기 마음을 부지런히 수양해야 한다.

탐하고 연연하면 산림도 장터가 된다

산림은 경치 좋은 곳이지만 한번 연연하면 장터와 다름없다.
글과 그림은 우아한 취미지만 한번 탐닉하면 바로 장사꾼이 된다.
대개 마음이 속세에 물들지 않으면 욕경欲境도 선도仙都일 수 있으며
마음에 거리낌이 있으면 낙경樂境도 비지悲地가 되는 것이다.

山林是勝地 一營戀 便成市朝
산 림 시 승 지 　일 영 련 　편 성 시 조

書畵是雅事 一貪痴 便成商賈
서 화 시 아 사 　일 탐 치 　편 성 상 고

盖心無染着 欲境是仙都
개 심 무 염 착 　욕 경 시 선 도

心有係牽 樂境成悲地
심 유 계 견 　낙 경 성 비 지

한자풀이 戀 연연하다 ｜ 雅 우아하다 ｜ 痴 = 癡 어리석다 ｜ 賈 장사

　산림은 속세를 떠난 명승지이지만 이곳에 집착하여 미련을 가지고
탐내는 것은 속세에 물들어 명리를 구하는 시장 속과 다름없다. 그것은
산림과 시장이라는 것이 바깥에서 바라보면 같은 풍경은 아니지만, 무
엇인가를 탐하는 마음이 생기면 차이가 없기 때문이다.
　글씨 쓰기나 그림 그리기는 욕심이 없는 맑고 깨끗한 취미지만 이득
을 취하려는 생각을 갖고 행한다면 고상한 맛은 사라지고 갑자기 영리

한 장사꾼이 되는 것이다. 그러므로 마음에 이익을 취하려는 애착이 없으면 이욕의 세상도 신선이 사는 곳이 되며, 마음에 거리낌이 있으면 행복했던 곳도 슬프고 쓸쓸한 곳으로 변하는 것이다.

123 정신은 주변 환경에 좌우된다

어지럽고 복잡한 지경에 이르면
평소에 기억하던 것도 까맣게 잊게 되며
주변이 깨끗한 곳에 머물면
옛날에 잊어버렸던 것이 눈앞에 뚜렷하게 나타난다.
그러므로 고요함과 조급함이 극명하게 분산되면
어둠과 밝음이 확연하게 달라질 것이다.

時當喧雜 則平日所記憶者 皆漫然忘去
시 당 훤 잡　즉 평 일 소 기 억 자　개 만 연 망 거

境在淸寧 則夙昔所遺忘者 又怳爾現前
경 재 청 녕　즉 숙 석 소 유 망 자　우 황 이 현 전

可見靜躁稍分 昏明頓異
가 견 정 조 초 분　혼 명 돈 이

한자풀이 稍 벼줄기의 끝

286

시끄럽고 복잡할 때에는 평소에 잘 기억하고 있던 일도 깨끗이 잊어버린다. 이것은 몸과 마음이 주변의 시끄러운 일에 흔들려 혼란해지기 때문이다. 또 깨끗하고 고요한 곳에 있으면 옛날에 있었던 일들이 선명하게 떠오르기도 한다. 이것은 몸과 마음이 맑고 고요한 바깥 경치에 의해서 깨끗해지기 때문이다.

이렇게 고요한 것과 시끄러운 것이 극명하게 나뉘면, 까맣게 잊어버리거나 밝게 나타나는 구분이 명확하게 달라진다. 그러므로 사람은 마땅히 맑고 고요한 마음을 지키고, 시끄럽고 복잡한 곳을 떠나야 한다.

124 연꽃은 진흙 속에서 깨끗한 꽃을 피운다

불도佛道 수행은 세상을 살아나가는 길 안에 있다.
사람들과 접촉을 끊고 세상에서 도피하는 것이 아니다.
마음을 깨닫는 일은 마음을 다하는 가운데에 있다.
따라서 욕심을 끊어 마음을 죽이지 말아야 한다.

出世之道 卽在涉世中 不必絕人以逃世
출 세 지 도 즉 재 섭 세 중 불 필 절 인 이 도 세

了心之功 卽在盡心內 不必絕慾以灰心
요 심 지 공 즉 재 진 심 내 불 필 절 욕 이 회 심

불도 수행의 방법은 마음이 속세의 탐욕에서 벗어나는 것이지 몸이 세상을 떠나 인간 세상에서 하직하는 것이 아니다. 도를 닦으려는 사람이 불도를 닦으려면 속세를 떠나야 하는 것으로 여겨 초연히 깊은 산골짜기로 들어가 사회적인 관계를 끊어버리고 염세적 사고를 하는 것은 오해에서 비롯된 생각이다. 산골과 시정市井(사람이 모여 사는 곳)은 동일한 세상인데, 사람이 모여 사는 곳을 떠나서 산골에 들어간다 해도 취하고 버리는 것이 다르지 않기 때문이다.

그러므로 세상 사람들과 맺는 인연이 싫어서 속세를 떠나 고적한 산림으로 들어가 목석같은 생활을 하는 것은 진정한 불도 수행의 길이 아니다. 참다운 불도 수행의 방법은 모든 세상을 살아가는 가운데에 존재하므로 속세에 살면서 속세에 오염되지 않는 것이다.

예를 들면 연꽃은 진흙 속에서 피어나지만 진흙에 오염되지 않고, 오히려 깨끗한 꽃을 피우고 아름다운 향기를 풍기니 이것은 진흙에서 떠난 것이다. 속세를 벗어나 도를 배우려는 사람은 마땅히 이 연꽃의 이치를 배워야 한다.

요심了心이란 자기의 마음을 밝게 깨닫는 것을 말한다. 마음을 다하여 수련할 때 요심을 이룰 수 있는데, 사람의 정욕을 아주 잘라버려 아무 느낌도 없는 고목처럼 심기를 어둡게 하고 따뜻한 기운이 한 점도 없는 식은 재처럼 되는 것은 좋지 않다. 고요한 생각으로 망상을 없애고 깨달음에 이르러 마음이 활발해지면 요심을 이루는 것이다.

포상과 경쟁

내가 부귀영화를 바라지 않으면
어찌 포상과 녹봉의 향기로운 맛을 두려워할 것인가.
내가 출세하려고 다투지 않으면
어찌 위험한 벼슬살이를 두려워하겠는가?

我不希榮 何憂乎利祿之香餌
아 불 희 영　하 우 호 이 록 지 향 이

我不競進 何畏乎仕官之危機
아 불 경 진　하 외 호 사 관 지 위 기

《삼략三略》(중국의 병법서)에 '향기로운 미끼 뒤에는 반드시 죽은 물고기가 있고, 훌륭한 포상 뒤에는 반드시 용맹스러운 사나이가 있다'고 했다. 향기로운 먹이는 물고기를 잡으려는 미끼이며, 포상과 녹봉은 사람을 유혹하는 먹이와 같다. 그러므로 만일 내가 부귀영화를 탐내지 않으면 포상과 녹봉 같은 향기로운 먹이를 근심할 필요가 없다.

또 벼슬자리를 탐내고 권세를 누리기 위해 치열한 경쟁으로 관직의 자리에 풍파를 일으키면 뜻하지 않은 위기를 만나기 쉽다. 만일 진급하기 위해 경쟁하지 않으면 벼슬자리의 위기를 두려워할 필요가 없는 것이다.

126 자신이 곧 내가 아님을 알면 번뇌가 어찌 다시 침입하겠는가

사람들이 오직 '아我' 자를 너무 진지하게 인식하기 때문에
온갖 기호嗜好와 갖가지 번뇌가 생기는 것이다.
옛사람이 말하기를
'내가 있음을 알지 못하면,
어찌 물건의 귀함을 알겠는가?'라고 했다.
또 '자신이 곧 내가 아님을 알면
번뇌가 어찌 다시 침입하겠는가?'라고 했다.
참으로 파격적인 말이다.

世人只緣認得我字太眞 故多種種嗜好種種煩惱
세 인 지 연 인 득 아 자 태 진 고 다 종 종 기 호 종 종 번 뇌

前人云 不復知有我 安知物爲貴
전 인 운 불 부 지 유 아 안 지 물 위 귀

又云知身不是我 煩惱更何侵 眞破的之言也
우 운 지 신 불 시 아 번 뇌 경 하 침 진 파 적 지 언 아

　　사람들이 '아我' 자를 너무 진실하게 인식하기 때문에 온갖 기호와 번뇌가 생기기 마련이다. 옛사람이 말하기를 '내가 있는 것을 알지 못하는데 어찌 딴 물건의 귀중함을 알 것이며, 이 몸이 바로 내가 아님을 알면 번뇌가 어떻게 침입하겠는가?'라고 했으니 정말 파격적인 말이다.

　　우리의 몸은 생로병사生老病死의 덧없는 변화에 따라 어느 순간 태어나 어느 순간 죽기 때문에 진실한 내가 아닌 것이다. 그런데 사람들은 이처럼 의미 없는 가아假我를 영원불멸의 진아眞我로 잘못 인식하고 있기 때문에 여러 가지 번뇌에 시달리게 되는 것이다.

　　만일 아我가 덧없음을 알게 되어 무아無我의 이치를 깨닫게 된다면 나에 대한 감정이 사라져 마음속의 번뇌와 외물에 대한 기호도 완전히 없어지게 된다. 즉 '무아'라는 말이야말로 참으로 인식을 깨우치게 하는 말이다.

127 큰 계곡은 메우기 쉬우나
사람의 마음은 채우기 어렵다

서진西晉의 가시덤불을 보면서
오히려 시퍼런 칼날을 자랑하고
몸이 북망산의 여우와 토끼에게 돌아가는데
오히려 황금을 아낀다.
옛말에
'맹수는 제압하기 쉬우나
사람의 마음은 굴복시키기 어렵고,
큰 계곡은 메우기 쉬우나
사람의 마음은 채우기 어렵다'고 했다.
정말 그렇다.

眼看西晉之荊榛 猶矜白刃
안 간 서 진 지 형 진 유 긍 백 인

身屬北邙之狐兎 尙惜黃金
신 속 북 망 지 호 토 상 석 황 금

語云猛獸易伏 人心難降
어 운 맹 수 이 복 인 심 난 항

谿壑易塡 人心難滿 信哉
계 학 이 전 인 심 난 만 신 재

한자풀이 荊 가시나무 ┃ 榛 개암나무 ┃ 刃 칼날 ┃ 北邙 사람이 죽어서 가는 곳 ┃
壑 골짜기 ┃ 塡 메우다

292

서진 사람 삭정素靖이 나라가 장차 망할 것을 알고 낙양궁의 문에 있는 구리로 만든 낙타를 가리키면서 '반드시 네가 가시덤불 속에 있으리라'라고 말했다. 그 후에 과연 그의 말처럼 서진은 망하고 말았다.

세상 사물이 아무리 융성해도 반드시 망하는 법이다. 부강하고 태평했던 서진도 하룻밤 사이에 멸망하여 도읍이 가시밭길이 되었으니 어떻게 필부匹夫(보잘것없는 사람)의 용기를 믿을 수 있을 것인가? 망국의 흔적, 곧 서진이 망하는 것을 보았음에도 오히려 객기를 부려 시퍼런 칼을 자랑한들 그 용기가 얼마나 가겠는가?

또 사람이 태어나면 누군들 죽지 않을 것인가? 언젠가는 죽어서 몸이 북망산에 묻혀 여우와 토끼의 먹이로 돌아간다. 이것을 알면서도 오히려 황금을 모으고 영구히 살기를 도모하니 정말 어리석은 일이다.

옛말에 '맹수는 제어하기 쉽지만 사람의 마음은 굴복시키기 어렵고, 깊고 넓은 계곡을 메우기는 쉬워도 사람의 마음을 만족시키는 것은 어렵다'고 했다. 정말 옳은 말이다. 이것은 사람의 객기와 욕심이 끝이 없음을 말하는 것이다.

한때의 부귀와 강성함도
시간이 지나면 사라진다

무너진 섬돌에 여우가 졸고 황폐한 망루에 토끼가 놀고 있는 곳은
모두 한때 노래와 춤을 즐기던 곳이며
찬 이슬이 국화에 맺히고 흐린 안개 속에 시든 풀이 있는 곳은
옛날에 모두 전쟁을 하던 곳이다.
성쇠가 어떻게 한결같을 것이며 강약이 어디 있단 말인가?
이것을 생각하면 마음이 재가 된다.

狐眠敗砌 兎走荒臺 盡是當年歌舞之地
호 면 패 체　토 주 황 대　진 시 당 년 가 무 지 지

露冷黃花 烟迷衰草 悉屬舊時爭戰之場
노 랭 황 화　연 미 쇠 초　실 속 구 시 쟁 전 지 장

盛衰何常 强弱安在 念此 令人心灰
성 쇠 하 상　강 약 안 재　염 차　영 인 심 회

한자풀이　砌 섬돌 | 悉 모두 | 灰 재로 만들다

　허물어진 뜰에 여우가 졸고 황폐한 망루에 토끼가 달리고 있으니 황
량한 마음을 금할 수 없다. 그러나 이곳은 옛날에 비단 장막을 치고 미
녀와 재주꾼들이 노래하고 춤추면서 즐겁게 놀던 곳이다. 또 맑은 이슬
이 국화에 차갑게 떨어지고 희미한 저녁연기가 시든 풀 위에 서려 있어
처량한 마음을 누를 길이 없다. 그러나 이곳은 옛날에 높다란 군영軍營

의 보루堡壘가 있어 영웅호걸들이 호령하던 곳으로, 깃발이 즐비하게 나부끼고 위풍당당한 무기들이 치열하게 싸움을 벌이던 장소였다.

이렇게 한때의 부귀와 옛날의 강성함일지라도 행운유수行雲流水처럼 홀연히 사라져버리는 것이다. 그러므로 흥망성쇠가 어떻게 한결같을 것이며 또 강하고 약함이 어디 있을 것인가? 뛰어난 호걸의 영광, 천고에 빛나는 영웅의 권능을 망망한 우주 사이에서 다시 찾을 길이 없다. 이렇게 생각하면 명리를 탐하는 마음이 차가운 재처럼 식어 없어질 것이다.

129 불나방과 올빼미의 어리석음

맑은 하늘과 밝은 달 아래에서 어느 하늘인들 날아갈 수 없을 것인가?
그런데 불나방 따위는 홀로 등잔불로 뛰어든다.
맑은 샘물과 푸른 대나무에 어느 것인들 먹고 마실 수 없을 것인가?
그런데 올빼미는 오로지 썩은 쥐를 즐긴다.
아, 이 세상에 불나방과 올빼미처럼 되지 않을 사람이 몇 명일까?

晴空朗月 何天不可翶翔 而飛蛾獨投夜燭
청 공 낭 월 하 천 불 가 고 상 이 비 아 독 투 야 촉

淸泉綠竹 何物不可飮啄 而鴟鴞偏嗜腐鼠
청 천 녹 죽 하 물 불 가 음 탁 이 치 효 편 기 부 서

噫世之下爲飛蛾鴟鴞者 幾何人哉
희 세 지 하 위 비 아 치 효 자 기 하 인 재

맑게 갠 하늘과 환하게 빛나는 달빛은 드넓고 청명하여 만물이 자유
롭게 놀게 하니 이런 하늘을 날지 못할 이유가 없건만, 불나방 따위는
홀로 등잔불과 촛불에 뛰어들어 타 죽는다. 이것은 불나방 스스로 그렇
게 하는 것이다.

맑고 시원한 샘물은 끊임없이 흐르고 푸른 대나무에는 맛있는 열매
가 주렁주렁 열려있어 먹고 마시기에 풍족할 때에도 올빼미는 유독 썩
은 쥐를 즐기며 다른 먹이의 좋은 맛을 알지 못한다. 이것은 올빼미 스
스로 못난 탓이다.

사람들이 광대한 세상과 맑은 샘물가에 살면서 소박한 음식을 기꺼
이 취하지 않고 구차하게 명예와 벼슬, 포상과 녹봉을 탐하여 하루하루
를 누추하게 살다가 도리어 화를 입는 것은 불나방이나 올빼미와 다를
바 없는 것이다.

아, 이 세상에 불나방과 올빼미처럼 되지 않을 자가 몇 사람일지 알
수 없으니 참으로 애석한 일이다.

130 냉철한 눈으로 바라보라

권세와 부귀가 용처럼 고개를 쳐들고
영웅들이 범처럼 싸운다.
그러나 냉철하게 바라보면
파리가 비린내를 찾아 들끓고
개미가 다투어 피를 빨아대는 것과 같다.
시비가 벌떼처럼 일어나고
득과 실이 고슴도치의 털처럼 생겨나도
냉철한 마음으로 대하면
대장장이가 쇠를 녹이고
끓는 물이 눈을 녹이는 것과 같다.

權貴龍驤 英雄虎戰
권 귀 용 양 영 웅 호 전

以冷眼視之 如蠅聚羶 如蟻競血
이 냉 안 시 지 여 승 취 전 여 의 경 혈

是非蜂起 得失蝟興
시 비 봉 기 득 실 위 흥

以冷情當之 如冶化金 如湯消雪
이 냉 정 당 지 여 야 화 금 여 탕 소 설

한자풀이 **驤** 머리를 들다 ｜ **聚** 모이다 ｜ **蟻** 개미 ｜ **蝟** 고슴도치

권세 있고 귀한 사람이 용처럼 달려들어 세력을 다투고 영웅이 범처

럼 싸워서 승부를 겨룰 때 이 일을 행하는 사람들의 마음은 천하의 대사를 결행하는 것과 같다. 그러나 권력에 관심이 없고 승부에 연연하지 않는 국외자局外者의 냉철한 눈으로 바라보았을 때는 흡사 파리가 비린내를 맡고 덤벼들어 서로 다투는 듯하고 개미들이 피 냄새를 찾아 싸우는 것과 같아서 참을 수 없이 더럽고 지저분한 것이다.

또 시비를 따지는 일이 벌떼처럼 일어나고 이해득실의 실마리가 고슴도치의 털처럼 일어나면 일의 단서를 찾을 수 없게 되지만, 냉담한 심정으로 들여다보면 복잡함이 한꺼번에 사라져서 마치 대장장이가 쇠를 녹이고 끓는 물이 눈을 녹이는 듯 막힌 가슴이 뚫리게 된다.

131 사물에 속박되지 말라

자기가 사물을 움직이는 자는
얻어도 기뻐하지 않고 잃어도 근심하지 않아
천하의 대지를 모두 소요逍遙할 수 있다.
사물에 부림을 당하는 자는
거부당하면 증오하고 순조로우면 사랑하는 마음이 생겨서
털끝만 한 일에도 집착이 생긴다.

以我轉物者 得固不喜 失亦不憂 大地盡屬逍遙
이 아 전 물 자 득 고 불 희 실 역 불 우 대 지 진 속 소 요

以物役我者 逆因生憎 順亦生愛 一毫便生纏縛
이 물 역 아 자 역 인 생 증 순 역 생 애 일 호 편 생 전 박

내가 주체가 되어 외물을 움직이는 사람은 일체의 사물을 얻어도 기뻐하지 않고 일체의 사물을 잃어도 근심하지 않아서 광활한 천지 사이를 소요(자유롭게 이리저리 거닐며 돌아다님)할 수 있다. 왜냐하면 사물이 오면 얻고 사물이 떠나면 잃어서 득과 실을 사물에 맡길 뿐 내심으로 기뻐하거나 근심하지 않기 때문이다.

이와 반대로 사물을 위해 부림을 당하는 사람은 스스로 사물에 속박을 당하여 역경에 처하면 원망하는 마음을 가지며 순조로운 상황에서는 기쁨을 느껴 아주 작은 일에도 집착하게 된다. 이것은 모든 사물을 탐하기 때문에 사물의 순역順逆에 따라 마음속의 애증愛憎도 교차되는 것이다.

시험 삼아 태어나기 전에 어떤 형체였던가를 생각해보고
또한 죽은 후에 어떤 모습이 될지를 생각해본다.
그러면 만 가지 상념이 재가 되어 식어버리고
한결같은 성품이 저절로 고요해져서
스스로 물외物外에 초월하고
형체가 생기기 이전의 세상에서 노닐 것이다.

試思未生之前有何象貌 又思旣死之後有何景色
시 사 미 생 지 전 유 하 상 모 우 사 기 사 지 후 유 하 경 색

則萬念灰冷 一性寂然 自可超物外而遊象先
즉 만 념 회 랭 일 성 적 연 자 가 초 물 외 이 유 상 선

사람이 태어난 후 마침내 형체가 생기는 것이므로 태어나기 전에는 어떤 형체가 있겠는가? 그러므로 생전에 아무런 형체가 없음을 깨달으면 만물의 아름다움과 추함에 대해 생각할 필요가 없게 된다. 또 사람은 살아있는 동안에 형체가 존재하는 것이므로 이미 죽은 후에는 아무런 형상이 없는 것이다. 그러니 죽은 후에 아무 형체도 없음을 깨달으면 빈부의 차이나 강하고 약한 것과 같은 모습이 보이지 않는 것이다.

그러므로 사람이 태어난 후와 죽기 전의 구구한 생활에서 참다운 일이 무엇이란 말인가? 이것을 깨닫게 되면 불꽃처럼 타오르던 천만 가지 망상이 갑자기 차디찬 재처럼 가라앉고 오직 하나의 진성眞性이 동요하

지 않게 되어 만물이 속세를 초월하고 만 가지 형체가 생기기 이전의 세
계를 자유롭게 거닐 수 있는 것이다.

133 작은 물방울이 바위를 뚫듯

노끈으로 톱질을 해도 나무가 잘리며
물이 떨어져도 돌에 구멍이 뚫린다.
그러니 도를 배우는 자는 반드시 노력해야 한다.
물이 흘러 모이면 도랑이 생기고
외가 익으면 꼭지가 떨어지니
도를 얻으려면 하늘의 뜻에 따라야 한다.

繩鋸木斷 水滴石穿 學道者須要努力
승 거 목 단　수 적 석 천　학 도 자 수 요 노 력

水到渠成 苽熟蔕落 得道者一任天機
수 도 거 성　고 숙 체 락　득 도 자 일 임 천 기

한자풀이 苽 줄, 진고라는 풀 | 蔕 꼭지 | 天機 하늘, 천체

가느다란 노끈으로 톱질을 해도 쉬지 않고 썰면 큰 나무를 자를 수
있고, 작은 물방울도 자꾸 떨어져 오랜 세월이 흐르면 두꺼운 돌에 구

멍이 뚫린다. 그러므로 도를 배우기 위해서는 꾸준히 노력하여 게으름을 피우거나 중도에 그치는 일이 없어야 한다.

　또 물이 흘러서 모이면 도랑이 생기고 외가 익으면 꼭지가 떨어지는 것은 자연의 이치이다. 사람이 도를 배우는 것도 이와 같아서, 공부를 쌓아 원숙하게 되면 저절로 도를 깨닫게 되는 것이니 오로지 공을 쌓아야 할 뿐이다. 그러나 도를 얻는 것은 하늘의 뜻에 맡겨 기대하지 않아야 한다. 업을 쌓으려는 사람도 자기의 심력을 다해서 의무를 행할 뿐 성패의 결과는 묻지 않는 것이다.

부록

《채근담》에 대하여

《채근담》은 중국 명나라와 청나라 때의 대중적인 철학서이다. 현재 두 가지 종류가 전해지고 있는데 첫째는 홍자성洪自誠이 지은 명나라의 만력본萬曆本(신종, 1573~1619년)이며, 둘째는 홍응명洪應明이 지은 청나라의 건륭본乾隆本(고종, 1736~1795년)이다.

홍자성이 지은 것에는 환초도인還初道人이라는 호가 붙어있는데, 우공겸의 제사題詞(책 앞부분의 서문과 같은 글)가 있으며 전편 225장, 후편 134장으로 되어 있다. 그리고 홍응명이 지은 것에는 환초당주인還初堂主人이라는 호가 있으며, 우공겸의 제사 대신 환초당주인의 식어識語가 붙어있다. 내용은 홍자성본과 달리 수성修省, 응수應酬, 평의評議, 한적閒適, 개론概論으로 되어 있으며 분량이 더 많다. 그래서 전자를 약본略本, 후자를 광본廣本이라고도 한다. 본서는 광본인 홍응명의 것을 만해 한용운이 해석한 《채근담 강의茱根譚講義》이다.

채근담의 저자인 홍자성과 홍응명에 대해서는 자료가 거의 없어 알려진 것이 별로 없다. 사실 동일 인물인지 다른 사람인지도 알 수 없으나 다만 한 가지, 홍자성본에 제사를 쓴 우공겸이 명나라 만력萬曆 8년

(1580년)에 급제를 하고 여러 관직을 거쳐 벼슬에 올랐다는 기록이 있을 뿐이다. 그가 채근담의 제사에 '친구 홍자성이 채근담을 가져와 나에게 보이고 서문을 받아 갔다'고 한 것으로 보아 명나라 때의 사람이었음을 알 수 있을 뿐이다.

만해 한용운도 홍응명본으로 번역을 하면서 홍응명을 자는 자성自誠이고, 호는 환초도인還初道人이라 소개하고 있어 두 사람을 동일한 인물로 생각했던 것 같다. 그러나 만력본과 건륭본 사이에는 시대적으로 170여 년의 차이가 있으며, 두 책의 내용이 중복되는 것도 있으나 구성이 다르고 내용에도 차이가 있어 오늘날 학자들은 두 사람이 다른 인물이었을 가능성도 있다고 보고 있다.

《채근담采根譚》이라는 책의 이름은 송나라(960~1279)의 학자 왕신민汪信民이 '사람이 항상 나물 뿌리를 캐 먹을 수 있다면 모든 일을 가히 이룰 수 있다(人常咬得菜根 則百事可做)'라고 한 말에서 인용한 것이다. 또한 남송南宋의 주자朱子가 쓴 《소학》의 주註에도 이 말이 언급되어 있는데, 주자는 '지금 세상 사람들을 보면 채근采根을 씹을 줄 모르기 때문에 자기 마음을 어기는 이들이 많아졌으니 가히 경계하지 않을 수 있겠는가'라고 했다.

즉 저자는 사람이 외물外物인 부귀영화를 얻기 위해 헛되이 헤매지 않고 한 표주박의 밥과 나물에 만족할 수 있다면 인생의 모든 일을 다 이루어낼 수 있다는 것을 말하고 싶어 '채근담'이라는 제목을 붙인 것이다.

《채근담》의 사상적 배경

《채근담》의 내용은 중국의 유교사상을 바탕으로 하고 있으며 불교와 노장사상까지도 내밀하게 통찰하고 있다. 동양철학의 근본이 된 유교사상과 불교 그리고 노장사상에 대해 살펴보면 다음과 같다.

1. 유교

중국 춘추시대(BC 770~403년) 말기에 공자孔子가 체계화한 사상이다. 유교의 핵심 사상은 수기치인修己治人이라 할 수 있다. 즉 유교는 자기 자신의 수양에 힘쓰고 천하를 이상적으로 다스리는 것을 목표로 하는 학문이며, 또한 그것을 향한 실천이라고 할 수 있다.

공자는 자신을 '온고이지신溫故而知新(옛것을 살려 새로운 것을 알게 함)'을 실천하려는 사람으로 여겼다. 그래서 제사, 천제, 장례 등의 의식이 수세기 동안 이어져오고 있는 이유를 알기 위해 중국의 고대 왕조를 연구하며 옛것을 찾아내고자 했다.

공자가 고대 왕조를 거슬러 올라가 가장 숭배했던 인물은 주공周公(?~?)이다. 주공은 중국의 전설적인 왕인 황제黃帝와 요堯, 순舜시대, 하夏나라의 우왕禹王, 은殷나라의 탕왕湯王을 거쳐 중원을 차지한 주周나라 무왕武王의 동생이다. 주공은 무왕이 죽은 뒤, 자신이 왕위에 오를 수도 있었지만 나이 어린 성왕成王의 섭정(군주가 직접 통치할 수 없을 때 군주를 대신하여 나라를 다스림)이 되어 주나라의 정사를 돌보았다.

주나라 이전까지 중국의 왕조는 철저하게 천제 즉 하늘의 명을 받은 사람인 천자가 통치하는 신정정치시대로, 천자가 중앙에서 천하를 직접 통치하며 제사와 정치를 주도하였다. 그러나 주공은 새로운 행정단위를 설치하고 혈족들을 제후로 봉하여 그 땅의 지배를 상속하게 함으로써 주 왕실의 권위를 지탱하였다. 이것을 고대 중국인들은 '봉건'이라 했다.

주공은 주나라에 봉건제도와 함께 새로운 의례제도를 다졌다. 혈연과 결혼으로 맺어진 인척관계를 존중하고, 조상에게 제사 지내는 것을 아주 중요한 일로 여겼으며, 제후들과도 상호의존을 바탕으로 예의범절로써 사회적 유대를 이루어내려는 정치적 이상을 지향했다.

공자는 자신보다 500년 전에 살았던 주공의 정신과 주나라 초기의 기풍을 지표로 삼고 평생 동안 그것을 실천하고자 했다. 은殷 대의 왕들은 자신들이 '천天의 후예'라고 주장했는데 그것은 그들의 왕권이 신으로부터 부여받은 신성한 것임을 주장하기 위해서였다. 그러나 주 대에 이르면 '천天'의 개념이 달라진다. 주의 왕들은 '천명天命'은 늘 똑같지 않다고 생각했다. 주 왕가의 후예라고 해서 반드시 왕이 될 수는 없으며 그것은 오로지 민심에 달려있다고 생각했던 것이다. 민심이 천심(民心則天心)이기 때문에 왕권을 유지하려면 필수적으로 덕을 갖추어야 했으며, 이리하여 주 대에는 '도덕정치'라는 뿌리 깊은 세계관이 갖추어졌고 주나라 왕들은 여러 세기에 걸쳐 중원을 통치할 수 있었다.

그러나 공자의 시대에 이르면 주나라의 봉건제도는 오랜 세월 동안 무리하게 이어지면서 기능을 상실하게 된다. 주나라의 천자에게 충성을 맹세하던 제후들은 천하의 질서에는 관심이 없고 오로지 자신들의 세력만을 키우려 했으며 이로써 결국 나라의 상하질서가 무너져갔다. 이에 공자는 인간이 되기 위한 학문에 스스로 힘쓰면서 수세기 동안 정치 안정과 사회질서에 기여해온 의례제도를 회복하고자 했다. 또한 그렇게 되기 위해서는 무엇보다 도덕심이 강조되어야 한다고 생각했다.

이러한 공자의 사상을 배우기 위해 몰려든 제자들이 수천 명에 이르렀으며 공자가 죽은 후 이들이 공자의 언행을 기록한 것이 바로《논어論語》이다. 따라서《논어》에는 공자의 사상이 잘 집약되어 있으며, 그 외에 공자가 말년에 제자들을 가르치며 옛 고전들을 정리한《시詩》《서書》《역易》《예禮》《악樂》《춘추春秋》 등 육경六經에 공자의 철학이 잘 구현되어 있다.

따라서 유교는 공자가 창시한 것은 아니지만, 공자의 제자들을 비롯하여 공자의 사상을 받들려는 사람들 즉 유가儒家들이 그것을 실천하기 시작했다. 사마천의《사기》에 따르면 공자의 제자는 3,000여 명에 이르며 그중에 육예六藝(예禮 · 악樂 · 사射 · 어御 · 서書 · 수數)에 능통한 문인이 72명 있었다고 한다. 공자의 제자 중 두드러진 사람으로 자공子貢, 안회顔回, 자로子路가 있다. 공자의 중심 사상은 인仁이다. 인의 본질은 사람이 내심에 가지고 있는 '사랑의 마음'이며, 인의 실천은 '효孝와 제悌'의 가족제도에서 시작된다고 본다. 그리하여 효를 바탕으로 수신제가修身齊家를 이룬 후에 치국평천하治國平天下를 이루는 것이 군자의 도리라 했다.

공자의 사상은 맹자와 순자로 이어지며 계승 · 발전되었다. 전국시대(BC 403~221년)에 공자의 '인仁' 사상을 발전시켜 성선설性善說을 주장하며 인의仁義를 사람의 본성에서 발하는 것으로 보고 덕으로써 천하를 다스리는 왕도정치를 주창한 사람이 맹자孟子(BC 372~289년)다. 이에 대해 순자荀子(BC 2세기쯤)는 성악설性惡說을 주장하며 사람의 본성은 욕망에 있으므로 이것을 예禮와 악樂으로 교정해야 한다고 주장했다. 그후 성선설과 성악설은 역사적으로 더욱 논의되는 과정을 겪게 된다.

전한의 무제(재위 BC 141~87년) 때에 이르러 유교는 국가 정통의 학문으로 채택되었고, 한나라와 당나라 시대에는 훈고학과 경학으로, 송나라 시대에는 주자학, 명나라 시대에는 양명학, 청나라 시대에는 고증학 등으로 발전 또는 변천되었다. 그후 유학은 중국의 학문과 사상계를 대표하게 되었으며 현대에 이르기까지 2,500여 년 동안 중국의 정치와 국민생활 그리고 우리나라를 비롯한 전 세계에 영향을 주고 있다.

• 《논어論語》

유교의 경전으로 손꼽히는 고전 중의 고전이다. 공자와 제자들이 주고받은 이야기나 토론한 내용들로 이루어져 있으며, 또한 공자가 교육을 하거나 휴식을 취할 때의 모습이라든가 길에서 마주친 사람들과 나눈 대화 등등이 기록되어 있어 공자의 삶과 사상을 이해하는 데 가장 귀중한 자료이다. 공자 사후 제자들이 편찬한 것으로 대화하고 생각하는 공자의 모습이 그대로 드러나 있다.

전체는 20편으로 되어 있으며, 그 구성은 다음과 같다.

제1편 학이學而	제2편 위정爲政	제3편 팔일八佾	제4편 리인里仁
제5편 공야장公冶長	제6편 옹야雍也	제7편 술이述而	제8편 태백泰佰
제9편 자한子罕	제10편 향당鄕黨	제11편 선진先進	제12편 안연顔淵
제13편 자로子路	제14편 헌문憲問	제15편 위령공衛靈公	제16편 계씨季氏
제17편 양화陽貨	제18편 미자微子	제19편 자장子張	제20편 요왈堯曰

그리고 《논어》에 실린 글 중, 현대인들이 새겨들을 만한 구절 몇 가지를 소개한다.

'군자는 먹는 것에서 배부름을 추구하지 않고, 거처하는 데 편안함을 추구하지 않는다. 또한 일하는 데 민첩하고 말하는 데 신중하며, 도의를 아는 사람에게 나아가 자신의 잘못을 바로잡는다. 이런 사람이라면 배우기를 좋아한다고 할 만하다.' (제1편 학이)

'나는 15세에 학문에 뜻을 두었고(志學), 30세에 세계관을 확립했으며(而立), 40세에 미혹됨이 없게 되었고(不惑), 50세에 하늘의 뜻을 알았으며(知天命), 60세에는 무슨 일이든 듣는 대로 순조롭게 이해했고(耳順), 70세에는 마음 가는 대로 해도 법도에 어긋나지 않았다.' (제2편 위정)

'배우기만 하고 생각하지 않으면 막연하여 얻는 것이 없고, 생각만 하고 배우지 않으면 위태롭다.' (제2편 위정)

'이루어진 일은 논하지 말고, 끝난 일은 따지지 말며, 이미 지나간 일은 허물하지 않는 것이다.' (제3편 팔일)

'부귀는 사람들이 바라는 것이지만, 올바른 도로 얻은 것이 아니라면 누려서는 안 된다. 가난한 것과 천한 것은 사람들이 싫어하는 것이지만, 부당할지라도 억지로 버려서는 안 된다. 군자가 인仁을 버리고 어찌 군자로서 명성을 이루겠는가? 군자는 밥 먹는 순간에도 인을 어기지 말아야 하고, 아무리 급한 때라도 반드시 인에 근거해야 하고, 위태로운 순간일지라도 반드시 인에 근거해야 한다.' (제4편 리인)

'인仁이란 것은 자신이 서고자 할 때 남부터 서게 하고, 자신이 뜻을 이루고 싶을 때 남부터 뜻을 이루게 해주는 것이다. 자신이 원하는 것

을 미루어서 남이 원하는 것을 이해하는 것이 바로 인의 실천 방법이다.'
(제6편 옹야)

'시를 통해 순수한 감성을 불러일으키고, 예를 통해 도리에 맞게 살아
갈 수 있게 되며, 음악을 통해 인격을 완성한다.' (제8편 태백)

• 공자의 생애

공자(BC 551~479년)의 성은 공孔이고, 이름은 구丘이며, 자子가 중니仲
尼이다. 선생님이라는 뜻의 '자子'가 붙어 공자라는 호칭으로 알려졌다.
춘추시대 말기에 중국의 동북부(지금의 산동성) 중부에 있는 노魯나라의
곡부에서 태어났다. 노나라는 주나라의 천자가 봉한 제후국이기 때문
에 주나라의 의례와 전통이 잘 보존된 곳이었다. 노나라의 환경은 공자
가 성장하면서 예禮에 관심을 가지고 공부하게 된 결정적인 원인이 되
었다.

공자는 예순이 넘은 아버지 숙량흘叔梁紇과 젊은 어머니 안징재顔徵在
사이에서 태어났다. 공자의 집안이 어떠했는지 제대로 알려진 바는 없
다. 그의 조상은 귀족계급이었을 것으로 추정되나 공자가 태어났을 때
는 영락한 평민 가문으로, 그 후광을 입을 만한 처지가 못되었다.

공자는 3세 때 아버지를 잃고 홀어머니를 모시며 가난한 살림을 꾸려
가야 했기 때문에 젊은 시절에 창고 관리와 가축 관리 같은 말단관리 생

활을 했다. 어머니의 성씨가 안 씨인 것으로 미루어볼 때, 한때 장례에서 얼굴을 관리하던 일을 하지 않았나 짐작된다. 그래서 공자가 의례와 음악에도 관심이 많았던 것 같다.

비록 집안에 여유가 없어 제대로 된 스승 밑에서 체계적인 공부를 하지는 못했지만, 공자는 어려서부터 학문에 뜻을 두었고 천한 일을 하면서도 배우기를 즐겨했다. 젊은 시절에 결혼을 하였으나 결혼생활에 대한 정확한 자료는 없다.

공자는 육예인 예, 악, 사(활쏘기), 어(마차술), 서(서예), 수(수학)에 능통했고, 고전 특히 역사와 시詩에 밝았기 때문에 나이가 서른에 접어들었을 무렵에는 주변에 많은 사람들이 모여들기 시작했다. 그때부터 공자는 모든 사람들에게 교육을 개방하고, 주나라의 문화와 제도를 복구하여 천하에 안정을 되찾기 위해 평생 가르치는 일에 전념했다.

공자에게 배움은 지식을 얻기 위한 것일 뿐만 아니라 인격의 수양까지도 포함하는 것이었다. 즉, 그는 군자君子에게 배움을 통해 자신을 발전시키고, 더 나아가 공직에 나아가 도덕을 실현해야 한다고 역설했다. 따라서 속세에서 벗어나는 것이 아니라, 세상에 살면서 세상을 변모시켜야 한다고 생각했으며 자신도 정치에 참여하는 것이 하늘이 자신에게 내려준 사명이라고 믿었다.

40대와 50대 초까지 공자는 관직에 있었다. 계환자 가문에서 가축 관리와 창고 관리 일을 하던 공자는, 지방관인 중도재中都宰와 토목 관리 일을 하는 사공司空을 거쳐, 노나라의 정공定公이 임금일 때 대사구大司寇

의 자리에 임명되었다. 대사구는 높은 자리는 아니지만 노나라의 정치, 사법, 행정, 외교 분야의 일에 참여할 수 있는 자리였다.

그러나 공자는 노나라의 세도가인 계환씨, 숙손씨, 맹손씨의 견제를 받게 되었으며, 노나라와 이웃해 있는 제나라의 계략에 빠진 정공이 정사를 돌보지 않고 방탕한 생활에 빠져버리고 말았다. 마침내 공자는 노나라 조정과 주위 사람들에게 자신이 필요하지 않다는 것을 깨닫고 노나라를 떠날 결심을 하게 된다.

공자가 노나라를 떠날 때 그의 나이 56세였다. 공자는 자신의 이상을 펼칠 수 있는 곳을 찾기 위해 여러 나라를 떠돌며 제후들을 만나 자신의 인과 예 사상을 현실정치에서 실현하고자 했다. 그러나 방랑생활은 12년 동안 계속되었으며 공자의 뜻은 이루어지지 않았다. 하지만 그 기간 동안 공자를 따르는 제자들이 그와 함께하며, 공자의 명성은 널리 퍼져나갔다.

공자는 67세에 다시 고향으로 돌아왔다. 그리고 죽을 때까지 제자들을 가르치며 저술과 편집에 몰두했다.

2. 노장사상

유가의 도덕을 인위적인 것이라 부정하고 자연으로 돌아가라고 주장한 노자老子와 그 후계자 장자莊子가 주장했기 때문에 노장老莊사상이라고 하며, 노자와 장자를 통칭해 도가道家라 일컫는다. 도가는 노자를 시조로 하여 뒷날 성립된 종교 형태인 도교道敎*를 포함하지만 일반적으로는 노자와 장자를 중심으로 하는 철학파를 가리킨다.

도가사상의 특징은 유교의 특성인 추상적 도덕주의와 형식적인 예의를 반대하고 '무위자연無爲自然의 대도大道로 돌아가야 한다는 것을 기본으로 한다. 여기에서 '무위無爲'란 우주론적 개념이다. 부자연스러운 것은 아무것도 하지 않는다는 것, 다시 말하면 사람과 자연 그리고 천지만물과 자연스러운 조화를 통해 합일을 이루어야 한다는 것을 의미한다.

또한 정치 역시 '무위無爲로 백성이 스스로 화한다'는 것을 이상으로 삼았다. 이러한 도가의 모든 사상적 이론은 노자의 《도덕경》에 잘 드러나 있다.

• 노자와 《도덕경》

노자에 대해서는 《장자莊子》에서 처음 언급되었으며, 그에 대해 정확

---

* 도교: 황제와 노자를 교조로 삼은 중국의 종교이다. 한 대(BC 206~AD 220년)를 전후로 하여 노장사상을 중심으로 하는 도가와 구분하기도 한다. 후한시대 장도릉이 오경을 공부하다가 장생도를 배우고 금단법을 터득한 뒤 곡명산에 들어가 신자를 모았다. 이때 신자들이 모두 다섯 두의 쌀을 바쳤기 때문에 오두미도라고도 한다. 처음에는 미신적인 종교였으나 일반 민중뿐만 아니라 황실 등에서 자신들의 권력을 유지하기 위해 비법을 갖춘 사람들을 우대하면서 발전되어 차차 체계적인 교리를 갖추었다. 옥황상제, 신선방술, 장생불사와 같은 개념들이 도교와 관계가 있다. 2세기 말에 일어난 황건적의 난도 황제와 노자를 추앙하는 황로사상과 관련이 있다. 그 후 도교는 당, 송, 원 대를 거쳐 널리 퍼지면서 중국의 토착종교로 자리 잡았다.

하게 알려진 것은 없다. 다만 중국 최초의 역사가인 사마천이 BC 100년경 《사기史記》를 저술하면서 노자에 대한 전설을 수집하여 전기를 썼으나 전설적인 인물로 추측되는 부분이 많다.

《사기》에 의하면 노자의 성은 이李, 이름은 이耳, 자는 담聃이다. BC 604년쯤 초나라 고현 여향(지금의 허난성 루이현)에서 출생했으며 춘추시대 말기 주나라에서 장서를 관리하는 사관이었다. 당시 노자보다 훨씬 나이가 젊었던 공자(BC 551~479년)가 당대의 유명한 학자로 이름난 노자를 찾아가 '예'에 대해 물었다는 이야기가 있다. 그러나 이 부분에 대해서도 많은 논의가 있다.

그 외에 노자에 대해서는 여러 가지 전설이 전해지고 있는데, 어머니의 배 안에서 수십 년 동안 있었기 때문에 태어났을 때는 이미 노인의 모습을 하고 있어 이름이 노자가 되었다는 것이다. 또한 주나라가 망해 가는 것을 보고 서쪽인 진秦나라로 떠난 노자가 진으로 들어가는 함곡관에서 문지기 윤희尹喜를 만났는데 그가 도에 대해서 묻자 단숨에 오천 언言을 지어주었다는 것이다. 그것이 도와 덕의 뜻을 말한 《도덕경》이다. 그리고 나서 노자는 그곳을 떠났으나 그 뒤 그가 어떻게 되었는지는 아무도 모른다고 한다.

따라서 사마천은 노자와 같은 사람일지도 모르는 몇몇 인물에 대해서 추측한다. 그중 공자와 같은 시기의 사람으로 도가의 정신에 대한 15권의 책을 저술한 초楚나라의 노래자老萊子가 있으며, 또 한 사람으로는 주나라의 태사이며 위대한 점성술사인 태사太史 담儋이 진秦나라의 헌공을 만났다는 기록이 있어 그가 혹시 노자일지도 모른다고 추측한다.

또한 노자의 죽음에 대해서도 의견이 분분한데 그가 150년을 살았다고도 하며, 200년 이상 살았다고 생각하는 이들도 있다. 이렇게 고대 중국인들은 도교의 창시자인 노자가 매우 오래 살았다고 생각했다. 따라서 노자는 신화적인 인물일 가능성이 높지만 그가 저술했다는 《도덕경》으로 인해 모든 사람들과 유생들이 그를 성현으로 숭배했다.

중국 고대 철학서로 알려진 《도덕경》은 오랫동안 노자가 쓴 것으로 알려져왔다. 그러나 현재 학계에서는 그가 실존 인물인지에 대해서도 의문을 가지고 있으며, 또한 내용에서 공자 시대의 것도 있지만 그 후대의 것도 있어 BC 3세기경에 여러 사람이 편찬한 것이라고 보고 있다.

BC 3세기는 춘추시대 말기로 중국 봉건 질서의 중심인 주나라가 망하고 지방의 제후들이 패권을 다투던 시기였다. 따라서 백성들은 전쟁과 가난, 부역, 가혹한 세금 등에 시달리는 등 혼란을 겪고 있었다.

이와 같은 상황에서 《도덕경》은 도道의 개념을 제기하며 춘추시대의 어지러운 세태가 인간의 욕망에서 기인한다고 보고 '무위자연의 도'로서 삶의 길을 제시하고 있다. 《도덕경》에서 말하는 도道의 개념은 다음과 같다.

'말할 수 있는 도는 영원불변한 도가 아니요, 이름 붙일 수 있는 이름은 언제나 변하지 않는 이름이 아니다(道可道 非常道 名可名 非常名).'

따라서 도道란 천지만물보다 먼저 존재하며, 천제보다 위에 존재한다고 보았다. 또한 무궁무진하며 형상도 없고 소리도 없으므로 무無라고 할 수 있다.

그러나 천지만물이 이 무無에서 생성되고 존재하고 소멸하고 있으므로 이것은 무無가 아니라 유有이다. 무와 유는 상호의존적이며 영원한 도의 양 측면이다. 무는 아무것도 없음이 아니라 느끼거나 만질 수 있는 것이 없음을 의미한다.

따라서 도는 본질적으로 무위無爲로 이루어져 있으며, 무위란 자연스러움 즉 모든 일이 본성대로 흘러가도록 내버려두면 모든 일이 잘 이루어지는 것이다. 세상을 다스리는 군자가 이러한 무위를 본받아 백성들을 간섭하지 않고 지배하려 하지 않으면 세상은 저절로 좋아지게 된다는 것이다.

공자가 도덕적인 여러 규정으로 세상을 다스리려 한 반면, 노자는 모든 것을 자연에 맡기면 천하는 자연히 다스려진다고 믿었다. 그리고 이와 같은 마음가짐으로 정치를 해야 한다고 했는데 이것이 바로 유교와 다른 점이다. 한나라의 고조는 이러한 노자의 무위자연 사상을 나라의 정치이념으로 삼기도 했다.

《도덕경》은 전체가 81장으로 구성되어 있으며, 상편 1장에서 37장까지는 도에 관한 내용이고 하편 38장에서 81장까지는 덕에 관한 내용인데 그중 몇 개의 구절을 소개한다.

'도의 본체는 텅 비었다. 그 작용은 무궁무진하여 만물의 예리한 끝을

꺾어 분쟁을 풀고, 그 빛을 부드럽게 하여 더러움에도 뒤섞이니 만물의 근본 같다.' (제4장)

'남을 아는 것은 지智이며, 자신을 아는 것은 명明이다. 남을 이기는 것은 유력有力이라 하고, 자신을 이기는 것을 강强이라고 한다. 스스로 족함을 아는 사람이 바로 부자다. 힘써 자기의 뜻을 잃지 않으면 영구하며, 죽어도 도를 잃지 않으면 영원한 것이다.' (제33장)

'진실한 말은 꾸밈이 없고, 꾸민 말 속에는 진실함이 없다. 착한 사람은 달변이 아니며, 달변인 사람은 착하지 않다. 지식이 있는 사람은 박하지 않으며, 박한 사람은 지식이 없다. 성인은 재물을 쌓지 않으며 이로써 스스로 여유로움이 있는 것이다. 이미 남을 위함으로써 스스로 많아진다. 하늘의 도는 오직 만물을 이롭게 할 뿐 해치지 않으며, 성인의 도는 오직 남을 위하여 베풀기만 하고 다투지 않는다.' (제81장)

• 장자

노자와 도가의 사상을 계승하여 노자와 구분되는 사상적 특색을 형성한 사람이다. 노자의 다음 세대인 BC 4세기에 활동했다. 이름은 주周. 전국시대 송宋나라의 몽(지금의 허난성 상추현)에서 태어났으며, 고향에서 하급관리를 지냈다. 초나라 위왕(?~BC 327년) 시대였으므로 유가 인 맹자와 같은 시대 사람이다.

장자는 노자가 다룬 것보다 주제를 훨씬 광범위하게 다루어 노자의 무위자연설을 크게 발전시켰다. 장자는 모든 사물에 상대적인 가치가 있다고 하는 만물일제萬物一齊를 강조하였다. 즉 '도의 관점에서 세상을 보면 이 세상에 귀하고 천한 것의 구분이 없다(以道觀之 物無貴賤)'는 것이다. 따라서 삶과 죽음은 같으며 죽음 자체는 도에 합치되는 것으로 이해되는 것이다.

장자의 이러한 사상은 자신의 이름을 딴 저서 《장자》('남화진경南華眞經'이라고도 한다)에 잘 드러나 있으며 내용에 나오는 일화를 보면 장자의 인품이 어떠했는지 짐작할 수 있다.

장자는 외모에 전혀 관심을 두지 않아 옷은 항상 남루했고 신발은 끈으로 묶어놓았으나 자신이 비천하다거나 가난하다고 생각하지 않았다. 어느 날 그의 아내가 죽었을 때 친구 혜시가 조문을 하기 위해 찾아왔다. 그런데 장자는 돗자리에 앉아 대야를 두드리며 노래를 부르고 있었다. 혜시가 장자에게 어떻게 아내의 죽음 앞에서 그럴 수 있냐고 말하자 장자는 이렇게 대답했다.

"아내가 죽었을 때 내가 왜 슬프지 않았겠는가? 그러나 아내에게는 애당초 생명도 형체도 기氣도 없었다. 유와 무 사이에서 기가 생겨났고, 기가 변형되어 형체가 되었으며, 형체가 생명으로 바뀌어 죽음으로 변하였으니 이것은 춘하추동의 사계절의 순환과 다를 바 없다. 아내는 지금 우주 안에 잠들어 있다. 내가 슬퍼하고 우는 것은 천명을 모른다는 것과 같다. 그래서 나는 슬퍼하기를 멈췄다."

아내의 죽음을 슬퍼하는 것을 '고분지통叩盆之痛(물동이를 두드리며 서러워한다는 뜻)'으로 표현하게 된 것은 여기에서 유래하였다.

이 외에 장자에 대한 일화로 가장 많이 알려진 것은 '나비의 꿈(호접지몽胡蝶之夢)'이다.

'언젠가 나 장주는 나비가 되어 즐거웠던 꿈을 꾸었다. 나 자신이 매우 즐거웠다는 것을 알았지만, 내가 장주였던 것을 몰랐다. 갑자기 깨고 나니 나는 분명히 장주였다. 그가 나비였던 꿈을 꾼 장주였는지, 그것이 장주였던 꿈을 꾼 나비였는지 나는 모른다.'

이것은 생시의 장자와 나비가 된 장자를 구분하기 어려운 것으로, 천지만물과 자아 사이에 구별이 없어진 것이다. 즉, 그는 인간은 천지만물과 하나가 됨으로써 도에 이르게 되며, 삶과 죽음이 구분되지 않고 오로지 자연을 따라 살아갈 수 있을 때 자유를 누릴 수 있다고 보았다.

장자 역시 노자와 마찬가지로 인위人爲를 거부했다. '학의 다리가 길다고 자르지 말라'는 말이 있다. 즉 그는 물오리의 다리가 짧다고 하여 그것을 이어주거나 학의 다리가 길다고 그것을 잘라주면 그들을 해치게 되어 자연을 훼손할 수 있다고 본 것이다. 따라서 장자는 현세와 타협하기를 거부하고 완벽한 소요유逍遙遊를 통해서 세상을 도의 길로 인도하려 했다.

저서인《장자》는 원래는 53편이었는데 그 후 수많은 판본이 나왔으며 현재는 진대晉代의 곽상郭象(? ~ 312년)이 정리한 33편이 전해지고 있다. 내편內篇 7, 외편外篇 15, 잡편雜篇 11로 구분되는데, 내편은 대부분 장자 자신이 지은 것이 분명하지만 외편과 잡편은 장자의 사상을 계승한 후세 사람들이 정리한 것으로 보인다.

내용은 상징과 우화를 통해서 도를 표현하고 있다. 예를 들면, 설명하거나 배울 수 있는 도는 도가 아니며, 도는 시작도 없고 끝도 없으며 한계도 없고 경계도 없으나 이 세상에 도가 아닌 것은 없으니, 하물며 개구리와 개미에도 도가 깃들어 있으며 비천한 풀, 기와 조각, 더 나아가 오줌이나 똥에도 도가 있다고 말한다.

장자의 내용은 훗날 불교, 특히 선禪불교 학자들에게 영향을 주어 중국불교에서도 나타난다.

《장자》의 전체 구성은 다음과 같다.

| 내편 | 1. 소요유逍遙遊 | 2. 제물론齊物論 | 3. 양생주養生主 | 4. 인간세人間世 |
| | 5. 덕충부德充符 | 6. 대종사大宗師 | 7. 응제왕應帝王 | |

외편	8. 변무駢拇	9. 마제馬蹄	10. 거협胠篋	11. 재유在宥
	12. 천지天地	13. 천도天道	14. 천운天運	15. 각의刻意
	16. 선성繕性	17. 추수秋水	18. 지락至樂	19. 달생達生
	20. 산목山木	21. 전자방田子方	22. 지북유知北遊	

잡편	23. 경상초庚桑楚	24. 서무귀徐無鬼	25. 즉양則陽	26. 외물外物
	27. 우언寓言	28. 양왕讓王	29. 도척盜跖	30. 설검設劍
	31. 어부漁父	32. 열어구列禦寇	33. 천하天下	

3. 불교

불교는 고타마 싯다르타가 창시했다. 그를 석가釋迦라고 부르는 것은 그 종족의 이름인 석가에서 따온 것이며, 석가모니釋迦牟尼라고 부르는 것은 '석가족의 성자'라는 의미이다. 혹은 석존釋尊이라고도 한다.

석가는 지금의 네팔에 있는 북인도 카필라 성주의 왕자로 출생하여 29세 때 왕궁에서 나와 수행에 들어갔다. 그는 수행 끝에 고행은 육체를 고통스럽게 할 뿐 영혼의 구원에는 전혀 도움이 되지 않는다는 사실을 깨닫고 숲으로 들어가 명상을 시작했다. 그리고 35세 때 부다가야의 보리수 아래에서 깨달음을 얻어 불타佛陀(buddha, 깨달은 자)가 되었다. 불타(부처)가 되는 것은 진리의 깨달음을 얻어 모든 번뇌와 속박으로부터 자유로워지는 해탈의 경지에 이르는 것이다. 그의 가르침은 마가다를 중심으로 전도되었고 샤이슈나가 왕조의 보호를 받았으며 국왕에서부터 상인, 천민에게까지 퍼져나가 갠지스 강 유역에 전파되었다. 그리고 스리랑카, 서역, 중국, 한국을 거쳐 일본 등지로 전파되었으며 오늘날 그리스도교, 이슬람교와 함께 세계 3대 종교로 자리잡았다.

불교가 중국에 전래된 것은 1세기경 후한後漢(23~220년) 때였다. 실크로드를 따라 들어온 서역 승려들로부터 불상을 처음 접한 중국인들은 부처를 신으로 여겼으며 현세를 구원해줄 대상으로 삼았다.

서역 승려들을 중심으로 불경이 번역되기 시작했으며, 불교가 퍼져나가기 시작한 것은 동진東晉(317~419년) 때부터이다. 311년 서진西晉의

낙양과 장안이 북쪽 흉노족에게 정복당하자 한족들은 양쯔강 이남으로 피난하여 동진을 세웠다. 허탈감과 패배감으로 노장사상에 심취해 있던 한족의 지배계층과 학자들은 불교의 새로운 사상을 접하게 되었다. 이들은 반야경전의 공空사상을 노장의 무無 개념으로 이해하기 시작했다. 불교 경전을 번역하거나 해석할 때도 유가나 도가사상의 개념들이 사용되었다.

그 후 4세기~5세기에는 서역 출신의 승려들이 경전을 번역하여 포교 활동을 했으며, 많은 사찰들을 세워 중국불교의 기반을 다졌다. 이때부터 비로소 중국 승려들은 대승불교* 철학을 이해하게 되었다.

남북조시대(420~581년)에 이르러 불교가 융성하기 시작했으며 남조에서는 왕실의 지원을 받기에 이르렀다. 윈강雲崗석굴 같은 거대한 불교 유적이 만들어졌으며 또한 인도불교의 경전과 전서들이 번역되면서 여러 주석적 학파들이 생겨나기 시작했다. 이것은 초기 선불교의 성립에 영향을 주었으며, 이때부터 중국 정토신앙의 전통도 형성되기 시작했다. 그 후 중국불교는 천태종, 법상종, 화엄종으로 크게 나뉜다.

천태종은 남북으로 분열되어 있던 중국이 수나라로 통일되었을 때 (589년) 새로운 종파를 형성하여 남북의 통합에 중요한 역할을 하기 시

---

* 대승불교: 소승불교와 함께 불교의 두 가지 종파 중 하나로, 기존의 불교를 소승이라 폄하하면서 나타난 것이다. 출가자나 승려만을 위한 종교라 여겼던 불교를 일체중생을 제도하는 것을 목표로 하는 새로운 종교로 확장시켰다. 석가에게만 한정하던 보살이라는 개념을 넓혀 일체중생을 모두 보살로 보고, 중생을 구원하려는 보살의 역할을 이상으로 삼는다. 천태종, 화엄종, 법상종이 여기에 속한다.

작했으며, 《법화경》을 기본 경전으로 하여 사상적 기초를 세웠다. 불교 사상을 석가모니의 설법 시기에 따라 다섯(五時)으로, 교설의 내용과 방법에 따라 여덟 가지(八教)로 구분·정리하는 체계를 세웠다. 또한 실천 수행의 방법으로 지관止觀의 명상법을 제시한다. '지止'란 정신이 한군데로 집중되어 통일된 상태를 뜻하고, '관觀'이란 공空사상에 입각하여 사물의 실상을 깨달아가는 훈련이다.

또 하나의 종파인 법상종法相宗은 당나라의 현장법사(596~664년)가 창시했다. 현장은 인도에서 유식사상을 공부하고 돌아와 일생을 역경사업에 바쳤다. 그의 번역은 종전의 것과 비교해 훨씬 훌륭하여 신역新譯이라 불렸다. 그러나 교학적인 해석으로 인해서 대중적인 지지를 받지는 못했다. 그리고 화엄종이라는 새로운 종파에 밀려났다.

화엄종華嚴宗은 천태종과 더불어 가장 포괄적인 불교사상체계를 수립한 종파이며, 《화엄경》의 진리를 최고의 가르침으로 삼고 있다. 사상의 핵심은 이理(본체)와 사事(현상)는 서로 장애가 되지 않으며, 사와 사 또한 서로 융화된다고 본다. 즉 '하나가 일체요, 일체가 하나(色卽是空)'여서 우주만물이 서로 융통하고 화해하며 무한하고 끝없는 조화를 이룬다고 말하고 있다. 화엄종은 이후에 선교, 유가 및 여러 사상을 조화시켜 나간다.

천태, 법상, 화엄에 이르러 중국불교는 인도불교를 능가할 만큼 정교하고 포괄적인 불교철학체계를 형성하였다. 그러나 이들 종파는 너무 지적이고 추상적이라 대중적인 종파는 되지 못하고 지배계층의 지지만을 받았다. 따라서 왕조의 흥망성쇠에 따라 운명을 달리했다.

결국 중국의 문화적 풍토에 뿌리를 내리고 끝까지 남아있게 된 것은 실천적 성격이 강한 선禪불교와 정토淨土신앙뿐이었다.

정토종은 선도善道(613~681년)에 의해 대중적 성격을 띤 사상으로 정립되었다. 본래 정토신앙이란 아미타불의 서원에 정토왕생하기 위해서는 염불念佛을 통해 성불成佛할 수 있다는 신앙이다. 염불이란 아미타불과 정토의 모습을 명상하는 '관상觀想 염불'을 뜻한다. 이것을 정토신앙에서는 나무아미타불南無阿彌陀佛을 염불하는 아주 쉬운 수행으로 제시한 것이다.

또한 선불교는 5세기 말 양梁의 무제(재위 502~549년) 때 인도의 승려인 달마達磨(역사적 인물인지는 확실하지 않음)가 시작했으며 여러 제자들이 이를 계승했다. 초기 선불교는 《능가경》을 경전으로 삼고 불성사상에 근거하여 마음을 닦는 점진적 수행을 중시했다. 그러나 중국의 선불교는 점진적 수행(漸修) 사상이 아니라, 자기 마음의 본성을 깨닫는 순간, 혹은 '자기 마음의 본바탕이 곧 불(心卽佛)'이라는 것을 깨닫는 순간 곧바로 성불한다는 돈오頓悟사상이었다.

그후 선불교는 번뇌를 제거하여 마음을 닦아가는 수행보다는 마음의 본성을 깨닫는 체험을 강조하는 이른바 남종선南宗禪이 주류를 차지하게 되었다. 남종선의 추종자들은 수많은 선사들이 깨달음을 얻게 된 이야기들을 만들어냈으며, 그들의 설법과 선문답을 담은 어록들을 발간하여 석가모니의 가르침인 경전보다 오히려 조사祖師들의 어록을 더 중시하게 되었다.

선불교의 근본정신을 나타내주는 말은, 진리는 경전보다는 마음에서 마음으로 전해진다는 '교외별전 이심전심敎外別傳 以心傳心'과 마음에 갑자기 와 닿은 체험을 통해 자기 마음의 본성을 깨달음으로써 성불한다는 '직지인심 견성성불直指人心 見性成佛'의 구절들이다.

이러한 선불교(당나라 때부터 교종에 대응하여 선종이라 일컬음)의 사상적 배경에는 무위자연을 강조하는 노장사상이 짙게 깔려 있으며 특히 장자의 사상을 기본으로 하고 인도의 공空사상, 성불成佛사상이 잘 조화되었다고 할 수 있다.

또한 대중적 뿌리를 내린 정토신앙도 선불교의 영향을 받아 염불선이 유행했으며 선수행자들도 염불과 정토신앙을 자연스럽게 받아들여 송末(960~1279년) 대 이후 중국불교의 주류를 차지하게 되었다.

한용운(1879~1944년)

　승려, 시인, 독립운동가. 용운龍雲은 법명이며, 만해萬海는 법호이다. 충청남도 홍성에서 태어났다. 서당에서 한학을 익혔으며 16세경에 고향을 떠나 설악산 오세암에 입산하여 불교 서적을 읽었다. 그 뒤 1905년 백담사에서 연곡連谷을 스승으로 하여 득도의 경지에 이르렀으며 계戒를 받아 승려가 되었다. 《불교대전》과 《조선불교유신론》을 편찬하여 한국 근대 불교의 혁신운동을 펼쳤으며, 1919년 3·1운동 때 민족대표 33인의 한 사람으로 참가하여 일제강점기 동안 독립운동가로 활동했다. 또한 1926년에 한국 근대시의 기념비적인 작품 〈님의 침묵〉을 발표하였다.

　한용운이 주역한 《채근담 강의》는 그의 나이 36세 때 청나라 승려 내림來琳의 증보본에 의거해서 저술한 것이다. 한용운이 승려이면서 한학

---

* 한용운의 생애와 사상은 만해 학술상을 받은 김용직의 《한국현대문학의 좌표》(푸른사상, 2009), 김광식의 《우리가 만난 한용운》(참글세상, 2010) 그리고 만해사상실천선양회의 자료를 참고했다.

漢學에도 능통한 학자였음을 짐작할 수 있는 부분이다. 그러나 한용운은 제도권 교육을 받은 적이 없다. 다만 유년 시절과 청년 시절, 고향의 서당에서 한문을 익힌 것이 전부이다. 그러나 이때 이미 사서삼경과 서경을 충분히 익혔으며 승려가 될 때까지 온갖 불교 서적을 읽었다. 따라서 한학과 불교는 한용운에게 동양철학을 비롯한 동양의 세계관과 우주관을 이해하는 통로였다.

만해 한용운

한용운은 참선을 통한 수도생활을 하면서 불교의 교리를 근본적으로 탐구하고자 했다. 《대승기신론》《능엄경》《원각경》《화엄경》《반야경》 등을 공부했으며, 그 후 불교의 교리를 일반인에게 알리기 위해 《불교대전》《유마힐소설경 강의》《십현담주해》 등을 편찬했다. 《불교대전》은 불교 경전을 총망라한 《팔만대장경》의 방대한 내용을 체계적으로 정리한 것이다. 또한 《십현담주해》는 당나라의 선승禪僧 상찰선사의 선호 게송을 해석한 것이다. 불교의 교리와 함께 선종의 교리 해석에도 깊은 성찰을 이룬 한용운이 불교를 통한 실천적 행동을 보인 것은 1911년 송광사 궐기대회와 1930년대 초 卍당(만당) 활동이다.

불교개혁운동

1910년 경술국치로 우리의 국권을 잃었을 때 친일적인 불교종파 원종圓宗이 일본의 조동종曹洞宗과 한국불교의 원류가 하나임을 주장하며 일제의 동화정책에 영합했다. 이에 한용운은 1911년 송광사에서 승려 궐기대회를 개최하여 이들의 친일적인 불교 행위를 규탄했다. 모든 사찰의 운영권이 총독부로 넘어갈 것을 우려하여 사찰 중심의 현재 조직이 하나로 통합되어야 한다고 역설했다. 이러한 노력으로 결국 한국불교를 말살하려던 일본의 시도를 막을 수 있었다.

그 후 한용운은 1931년 조선불교청년회 만당의 당수로 추대되면서 불교청년회의 조직활동에서 주동적 역할을 했다. 이것은 일제의 종교탄압에 맞서려는 한용운의 민족주의적 입장이었다. 이 조직이 1937년 불교관계 항일단체로 적발되면서 한용운이 배후자로 검거되었다. 한용운이 불교를 통해 민족항일운동을 주도하게 된 것은 이미 그의 의식 속에 낙후된 조선의 불교계를 개혁하고자 하는 의지가 자리 잡고 있었기 때문이다.

1913년에 간행된 《조선불교유신론》에는 불교개혁에 대한 그의 이론과 실천이 가장 집약적으로 표현되어 있다. 그는 불교의 교리가 조선의 민중을 일깨울 수 있는데도 승려들이 산중에만 거하면서 염불만 외우고 있다고 비판하였다. 그리고 불교계의 허례적인 의식을 타파하기 위해 염불당을 폐지해야 한다고 주장했으며, 산중에 있는 절이 밖으로 나와야 하고, 간략한 종교의식 또한 승려의 취처娶妻를 허락함으로써 불교의 사회참여를 이끌어내려 했다. 또한 무질서한 불교 교단의 통일과 함께 정교 분립을 강조하며 소승불교적인 소극주의와 현세부정적인 불교가 아니라 중생의 삶에서 정토를 구하는 대승불교적인 사상을 취했다. 이러한 한용운의 주장은 1960년대 이후 현대불교의 근거와 실천윤리의 토대를 이루었다.

독립운동으로 나타난 민족사상

한용운의 대표적인 민족운동은 1919년 3·1운동의 참여이다. 그는 불교계를 대표하여 33인의 회의에 참석하여 육당 최남선과 함께 〈독립선언서〉를 기초했다. 〈독립선언서〉 공약 3장에 '최후의 일인까지 최후의 일각까지 쾌히 우리의 의사를 발표하자'는 문구을 추가하여 독립만세의 구체적 행동지표를 제시했다. 그 후 일경에게 연행되어 투옥되었는데 옥중에 있는 동안 일본 검사의 심문에도 조선독립의 이유를 당당하게 주장하고 〈조선독립이유서〉를 집필하였다. 이것은 1919년 상하이에서 발간되는 《독립신문》에 발표되었다. 그는 이 글을 통해 인류의 역사에서 인간의 자유과 평화가 가장 우선해야 한다고 주장하며, 자주독립의 조건이 부족한 점을 근거로 조선의 식민지 지배를 주장한 일제의 허구적 논리를 정확히 비판했다.

또한 서대문형무소에서 옥고를 치르고 난 후에도 한용운의 항일저항
운동은 계속되었다. 그는 1927년 좌파와 우파의 민족통합조직인 신간
회에 적극 참여하였다. 그러나 이 조직을 통해 인민전선의 확장을 꾀하
려 했던 좌파들은 그것이 불가능해지자 해소론을 주장했다. 이에 대해
한용운은 신간회가 전 민족의 공동전선으로 존속할 수 있도록 끝까지
노력했다.

그러나 일제의 식민지 정책은 더욱 강화되었다. 만해는 이에 굴하지
않고 1929년 광주학생운동이 일어났을 때 이것을 민족적·민중적 운동
으로 확산시키기 위해 유석 조병옥 등과 함께 민중대회를 계획했으나
일본 경찰에 의해 무산되었다. 이 외에도 여성운동과 농민 노동운동에
관심을 기울였으며, 창씨개명 반대, 조선인 학병 출정 반대운동을 했
다. 그리고 평생을 일제의 호적에 올리지 않아 여러 불이익을 당하면서
도 만년에는 조선총독부와 마주 보기 싫다며 북향으로 지은 성북동 집
에서 살다가 66세에 입적했다. (현재 서울 성북동에는 만해가 마지막까지 거
처했던 심우장尋牛莊이 남아있다.)

시인 한용운의 《님의 침묵》

불교개혁운동과 민족독립운동 외에 한용운의 가장 의미 있는 성과는
시집 《님의 침묵》이다. 1926년에 발표된 시집에는 〈님의 침묵〉 외에 90

편의 시가 실려 있다. 당시 한용운은 한국문단과는 관계없이 여러 편의 선시禪詩를 쓰기는 했지만 이것은 불법의 수도자로서 자신의 깨달음을 시로 읊은 것이었다. 따라서 근대시의 형식을 띤《님의 침묵》이 발표되자 문단의 시선을 한몸에 받게 되었다.

《님의 침묵》은 당대의 어느 문학작품보다 풍부한 시적 이미지를 아름답게 형상화해 수준 높은 문학의 경지를 보여주었다. 그것은 이 시집의 중심을 이루고 있는 '님'의 다양한 의미 때문이었다. 문단의 주류에 있는 문학인이 아닌 선승禪僧이 표현한 '님'에서 많은 사람들은 본래의 의미인 '연인' 외에 '조국의 현실' '부처' 등등의 상징적인 의미를 느낄 수 있었다. 또한 만남과 이별 그리고 다시 만날 것에 대한 희망을 통해 소멸, 갈등, 생성이라는 정반합正反合의 변증법적 지향을 은유와 역설의 자유로운 구사로 보여주었기 때문에 근대 자유시의 완성을 이룬 것으로 평가된다.

한용운은 근대시 외에도 다수의 한시와《흑풍》《박명》 등의 소설을 남겼다. 이 작품들은 작품성이 다소 떨어지는 것으로 평가되지만 불교사상과 항일독립사상을 형상화하고 있다.